欧阳修传

梁艳芳 编著

国文出版社
·北京·

图书在版编目（CIP）数据

欧阳修传 / 梁艳芳编著． -- 北京 ：国文出版社，2025． -- ISBN 978-7-5125-1828-5

Ⅰ．K825.6

中国国家版本馆CIP数据核字第2024A18L18号

欧阳修传

编　　著	梁艳芳
责任编辑	罗敬夫
统筹监制	杨　智
责任校对	周　琼
出版发行	国文出版社
经　　销	国文润华文化传媒（北京）有限责任公司
印　　刷	文畅阁印刷有限公司
开　　本	880毫米×1230毫米　　32开
	6印张　　　　　　　　100千字
版　　次	2025年3月第1版
	2025年3月第1次印刷
书　　号	ISBN 978-7-5125-1828-5
定　　价	59.80元

国文出版社
北京市朝阳区东土城路乙9号　　邮编：100013
总编室：(010) 64270995　　传真：(010) 64270995
销售热线：(010) 64271187
传真：(010) 64271187-800
E-mail：icpc@95777.sina.net

欧阳修(1007—1072年),字永叔,号醉翁、六一居士。北宋文学家、史学家。吉州永丰(今江西吉水)人。宋仁宗天圣(1023—1032年)年间进士。官馆阁校勘,因直言论事贬知夷陵(今湖北宜昌市夷陵区)。庆历(1041—1048年)年间任谏官,支持范仲淹,要求在政治上有所改良,被诬贬知滁州。官至翰林学士、枢密副使、参知政事。在王安石推行新法时,对青苗法有所批评。谥"文忠"。

主张文章应"明道""致用",对宋初以来靡丽、险怪的文风表示不满,并积极培养后进,是北宋"古文运动"的领袖。其散文说理畅达,抒情委婉,为"唐宋八大家"之一,与曾巩并称"欧曾"。其诗颇受李白、韩愈影响,重气势而能流畅自然,与梅尧臣并称"欧梅"。其词婉丽,承袭南唐余风,与晏殊并称"晏欧"。

曾与宋祁合修《新唐书》,并独撰《新五代史》。又喜收集金石文字,编为《集古录》,对宋代金石学颇有影响。又撰《六一诗话》,为最早以诗话名书的著作。

目 录

第一章 敏悟过人

不同寻常的家世 …………………003

投靠叔父 …………………………008

结缘韩愈古文 ……………………011

参加科举考试 ……………………017

金榜题名,洞房花烛 ……………021

第二章 从政前期

与梅尧臣、尹洙提倡古文 ………027

与陆经的诗文酬唱 ………………033

妻子、长官、叔父相继去世 ……037

追随范仲淹 ………………………044

患难之中与好友共勉 ……………051

夷陵四年 …………………………056

从乾德到滑州 ……………………068

被召回京师 …… 076

推动"庆历新政" …… 082

寄情滁州山水间 …… 092

扬州知州 …… 102

移调颍州 …… 110

尽显文人风骨 …… 115

第三章 从政后期

直言陈事，力除前弊 …… 127

改革考风、文风 …… 131

"包严""欧宽"成佳话 …… 140

辞去开封知府职务 …… 144

梅尧臣染病去世 …… 151

《唐书》编纂完成 …… 158

宋仁宗驾崩 …… 161

身体日渐衰弱 …… 164

企盼归田做仙翁 …… 170

走完生命的最后一程 …… 176

第一章 敏悟过人

第一章 | 敏悟过人

不同寻常的家世

在赣江的中游,江西的中西部,有一座历史文化名城叫吉安,古称庐陵。在魏、晋之前,庐陵基本上属于未开化的蛮荒之地;西晋永嘉之乱、盛唐安史之乱,以及唐末的五代十国的改朝换代,迫使大量北方民众向南迁移,庐陵地区以其特殊的地理位置、自然环境,成为南迁者落脚的首选之地。

随着先进中原文化的不断传入,庐陵的经济、文化得到了快速发展。初唐著名政治家张九龄奉诏开凿梅岭驿道后,更使庐陵处在中原与岭南往来的南北交通要道上。初唐"文章四友"之一的杜审言——诗人杜甫的祖父——于被贬官吉州(州治在庐陵,即今吉安)任司户参军期间,在治所建立诗社,大兴文教。中唐忠烈大臣颜真卿于贬官吉州任司马期间,也在州治广辟学舍,大兴教化。

在庐陵郡永丰县的沙溪镇,有一户欧阳姓氏的人家。

欧阳氏本来是一个颇为显赫的家族。据《欧阳氏谱图序》说，这一族是夏禹的后裔，传到越王勾践的五世孙时，越国被楚威王灭掉，越国王子被封在乌程（今浙江湖州）欧余山之阳，做欧阳亭侯。以后，子孙们就以欧阳作为姓氏。

隋末唐初的大书法家欧阳询，是庐陵欧阳氏的远祖。欧阳询四世孙欧阳琮，曾出任吉州刺史，子孙开始居住在吉州；欧阳琮八世后裔欧阳万，也曾担任吉州安福县令，后嗣散居在安福、庐陵、吉水等县地。这两个人历来被视为庐陵欧阳氏的开基之祖。

欧阳姓氏到了欧阳偃这辈时，他有同门兄弟八人，他排行第六。三兄欧阳仪考中了南唐的进士，官至屯田郎中。欧阳偃文学天赋极高，从小便能诗善文，性格孤高正直，可惜英年早逝，没能取得较大的成就。

欧阳偃的儿子欧阳观，在宋真宗咸平三年（1000年）考中了进士，出任道州（今湖南道县）判官，之后又调任泗州（今安徽泗县）推官。

欧阳观为人刚直正道，却有些恃才傲物。在他担任泗州推官时，淮南转运使前来视察，他没有及时迎候谒见；郡守设宴款待转运使,他又拒绝赴宴作陪。转运使恼羞成怒,上书弹劾,诬告他玩忽职守,犯有渎职之罪。于是,他就被调迁到了偏僻的绵州(今四川绵阳)担任军事推官。

军事推官只是地方官府的下级官吏,辅助知州、通判处理地方的政务,如每天到签厅与知州、通判共同签署公文,参与司法案件的录问、签押、拟判等。

欧阳观为官清正廉洁,为人豁达大度,喜欢扶贫济困,又热情好客,常常备酒置菜,招待四方宾客。推官的俸禄本来就十分微薄,但是他往往不让手头留有多余的钱财,还说"不要让钱财拖累了自己的品格"。

绵州虽然偏僻闭塞,交通不便,却是个美丽的地方。这里山环水绕,风景佳胜。壮美的城郭和远处的层峦叠嶂相依托,环城峰岭起伏,山形弯曲如斗,襟带三川四派。从江油方向奔涌而下的涪江水,流经城西时一分为二,与另一支迤逦绕城的龙安川,在城东的芙蓉溪汇合。

绵阳北面不过百里是江油,幼年李白曾在那里成长。汉代文豪司马相如、扬雄,唐代诗人杜甫,都以成都为中心在四川一些地方活动,绵阳南距成都不到三百里。杜甫送

友人严武出剑阁返京城长安,从成都来到绵州,登临城外高楼,观赏州城雄姿,吟下了"绵州州府何磊落"的诗句。这些人笔下生花,也许是沾染了蜀中山水灵气之故。

宋真宗景德四年(1007年)六月二十一日,在绵州军事推官欧阳观的廨舍里,一个浑身白毫的男婴迎着晨光呱呱坠地了。这个男婴就是欧阳修。

在欧阳修出生这一年,父亲欧阳观五十六岁,母亲郑氏二十七岁。郑氏是欧阳观的继室;欧阳观原来有一位妻子,但被他休弃了。

欧阳修的母亲郑氏,出身于名门,她的家族世代都是江南一带很有名望的大族。郑氏识文断字、恭敬勤俭、宽仁慈爱、待人有礼。大约在欧阳修出生后两年,家里又增添了一个女婴。全家和睦相处,共享天伦之乐。

欧阳观心地仁厚,办理公务较为谨慎。有一天晚上,他在烛光下处理公务,多次把案卷放在几案上,然后又收了起来,还唉声叹气的。

夫人郑氏问他:"到底发生了什么事情呢?"

欧阳观说:"这本来是一个应该判死刑的案子,可是我想替死刑犯寻找一条活路,却怎么也找不到,因此十分苦恼啊!"

郑氏觉得奇怪,就问:"犯死罪的人,还要给他找活路吗?"

欧阳观说:"这个人本来不该判死刑。现在,我努力为他找活路,尽管没有找到,但是我和他最终都将没有什么遗憾。我平时处理公务,为了避免误判错杀,怎么能不谨慎呢?"

当欧阳观说这番话的时候,奶妈正抱着欧阳修站在旁边。于是,欧阳观便嘱咐妻子,等欧阳修长大以后,一定要把这个道理告诉他。

后来,郑氏在欧阳修成长的过程中,时常讲述丈夫的事迹。父亲仁德为政的风范,深深地烙印在了欧阳修的心中。再后来,欧阳修在他四十年的为政生涯中身体力行,形成了宽政爱民的政治理念,这不得不说是受到了父亲的影响。

投靠叔父

宋真宗大中祥符三年(1010年),欧阳观被调任泰州(今江苏泰州)做军事判官。泰州是淮南东路十州之一,那里物产丰富。判官虽然也是幕职官,职责也是辅佐州府长官处理行政、司法、财政、监察等事务,但地位在其他幕职官之上,可以代理正副长官主持签厅的日常事务。

对于年老不得志、家籍在江南的欧阳观来说,这次调任或许能够给予他心灵上一些抚慰。可是,他任职不久,就不幸身染重病,最终不治而亡,享年五十九岁。这年欧阳修才四岁。

欧阳观去世以后,郑氏毅然挑起了全家生活的重担。由于老家没有房产田地,生活没有着落,她不得不带着三个孩子投奔到随州(今湖北随县),寄居在欧阳修的叔父欧阳晔那里。

欧阳晔,字日华,比欧阳观小七岁,宋真宗咸平三年

（1000年）与哥哥一同考中进士甲科，曾经担任南雄州（今广东南雄）判官，后来被调任到随州做推官。

欧阳晔的职位比较低，俸禄比较少，家境也不富裕。但是，他并没有因为自己生活窘困而拒绝欧阳修母子等人。他对待欧阳修母子非常热情和真挚，因此郑氏十分感激他。

郑氏常常对年幼的欧阳修说："你要是想认识你父亲，只要看看你叔父就可以了，他的音容笑貌、起居言谈同你父亲十分相像。"

后来，欧阳晔调迁阆州（今四川东北部）做推官、江陵府（今湖北荆州）做掌书记时，他的家眷仍然留居在随州，与欧阳修一家相依为命。

欧阳晔廉洁正直，处事果敢，有着高超的行政决策能力。他在担任随州推官时，遇上灾荒之年，百姓庄稼没有收成，大洪山奇峰寺的几百个僧人却积聚了大量粮食。京西路转运使怀疑他们囤积居奇，要欧阳晔前去抄没充公。僧人闻讯之后十分害怕，就偷偷给欧阳晔送来千两白银，请求他手下留情。欧阳晔却笑着拒收贿赂，说道："哪里需要

这样呢,不知道你们能不能听从我的劝告呢?只要把积聚的六七万石粮食卖给官府,用来赈救灾民,就没有你们的事儿了。"僧人们高兴地答应了,饥民也靠着这批粮食才挨过灾荒之年。

欧阳晔在知桂阳(今湖南桂阳)监任时,一伙平民为了争夺船只,相互斗殴,在混乱中致人死亡。官府拘押了大批的嫌疑犯进行审讯,但是凶手始终没有查出来,这个案子很久都没有定论。欧阳晔接手这个案子以后,详细地调查了案情,并将全体嫌疑犯放出牢房,卸掉枷锁,让大家在厅堂上一起吃饭。饭后,欧阳晔对这些人逐一进行安抚,然后让他们返回牢狱,最后,只单独留下一个人。这人顿时脸色惨白,手脚哆嗦起来。欧阳晔厉声喝道:"你就是那个杀人凶手!"这个人刚开始还想狡辩,欧阳晔道,"在刚才吃饭的这些人中,我观察到别人都是用右手拿筷子,只有你一个人使用左手。而死者的致命伤是在右胸,伤口的形状说明凶手是个左撇子。足以证明你就是杀人凶手!"这人听后哑口无言,只得哭泣认罪:"那个人的确是我杀的。我再也不敢连累别人了。"

结缘韩愈古文

随着岁月的流逝,欧阳修渐渐长大。有一年,街上来了一个算卦的人,他鹤发童颜,看上去就像神仙一样。其实那位老者是一个辞官的读书人,因看破种种世态,便隐于市井之中。

这个算卦的老者看见欧阳修的长相和气质,料定他日后必成大器,但通过交谈,老者认为欧阳修性格过于刚强,恐怕以后的仕途会有挫折。老者有意开导欧阳修,便说道:"我看你机灵的模样,想必读书应该不少,不知你会对句吗?"欧阳修欣然答应,老者便说出上联:

齿刚唇柔,刚者不如柔者久,柔能克刚。

欧阳修年纪还小,一时间不明白老者句中隐含的意思,还以为老者在讥笑他,于是便对答道:

眉先须后,先生何似后生长,后来居上。

老者听后点头称赞,但不禁心中暗自叹息。

很快欧阳修到了进学的年龄,由于家庭境况窘迫,没有办法聘请老师,郑氏便亲自担任儿子的启蒙老师。她以欧阳观在世时的风范和为人,对欧阳修进行品德教育;以自己所掌握的知识,对欧阳修进行文化启蒙教育,例如背诵古人的诗文,练习作文和写诗。

由于家里贫穷,没有多余的钱财购买笔墨纸砚,母亲便把欧阳修带到河边的沙滩上,折下芦荻作为笔,把沙滩当作纸,一笔一画地教欧阳修识字。

在母亲的教育下,欧阳修好学不倦,十岁时就能吟诗作赋。叔父欧阳晔非常高兴,他安慰郑氏说:"嫂子不要为家中贫穷、儿女年幼担心,这个孩子将来一定会大有出息的。"

在欧阳修十二岁时,一天傍晚,他匆匆忙忙地来到城门下,看见城门已经关闭了,心里十分着急;抬头一看,城头有一个老兵在把守,就走上前拱手施礼道:"烦请老伯开门,放学生进城可否?"

老兵本来不愿意破例开城门,但是他听出欧阳修是个很懂礼貌的少年,顿时心生怜爱,说道:"既然你是读书人,我出一联,如果你对得出来,我就放你进城来;若是对不出来,那就等明天早晨再进来吧。"紧接着,老兵出了上联:

开关早,关关迟,放过客过关。

欧阳修稍微思索了一下,说:"出对子容易,对对子难啊,请先生先对吧。"

老兵有些恼怒,大声地说道:"我是要你对的!"

欧阳修笑道:"学生已经对过了。"

老兵一想恍然大悟,立即下城楼打开城门让欧阳修进去。原来欧阳修的下联是:

出对易,对对难,请先生先对。

在母亲的教导下、环境的磨炼下,再加上自我刻苦的学习,欧阳修熟读诗书,过目成诵。

随州城南有一大户姓李的人家,他家的儿子李尧辅从

小好学。少年欧阳修与李尧辅结为好友,并且常常到李家借书读。

有一次,欧阳修在书楼里找书,在墙角发现了一个破竹筐。筐子里堆满了破旧的书籍残卷,上面蒙着一层厚厚的灰尘。欧阳修十分好奇,就一本本拿出来看。忽然,欧阳修眼前一亮:"呀!这不是唐代大文豪韩愈写的《韩昌黎先生文集》吗?"接着,他又在筐里翻了翻,一共找到了六卷。

欧阳修找了一篇仔细读了读,发现韩愈的文章写得深厚而雄博,别有深意,自己虽然不能完全读懂,但也知道这是不可多得的好文章。

看了一会儿,欧阳修实在舍不得放下,就抱着这六卷文集走出了书楼。见到李尧辅,欧阳修红着脸说:"这些书能借给我拿回家去读吗?"

李尧辅是个非常爽快的小孩,他知道欧阳修家境贫寒,就助人为乐,干脆把书送给了欧阳修。欧阳修大喜过望,连连道谢。

回到家里,欧阳修马上如饥似渴地读了起来。他觉得韩愈的文章内容精深博大、气魄沉雄豪壮,虽然目前他还不能详尽地探究其中的含义,但是,韩愈那汪洋恣肆、挥洒自如的风格,他还是能感悟出来的。少年欧阳修,从此便倾心于韩愈古文。

那时,北宋的读书人并不推崇韩愈的文章,而是在极力地模仿和学习杨亿、刘筠的文章,并把这类文章称为"时文"。杨亿、刘筠都是宋初的知名学者、大臣,更是北宋"西昆体"诗歌流派的代表人物。"西昆体"的诗歌大多是学习晚唐诗人李商隐,讲究整饬华丽,但却没有什么思想内容,与时代和社会生活有些脱节。说白了,就是这些时文不能与时俱进。但是,当时的北宋社会从上到下、从官僚到士子却都争相学习、模仿。因为,只有时文作得好,才有望考取功名、扬名文坛甚至取容当世。

但是,欧阳修读起韩愈的文章来,往往手不释卷、废寝忘食。以前他所学习的文章,大多是骈体时文,虽也不乏佳句,但是格调不高。欧阳修似乎已经略微感觉到它们的一些弊端,但是由于受学识的限制,他一时也弄不清该从何处入手去改进。如今,读了韩愈的文章,他感觉到一股新的文风正在强烈地冲击着自己。在这股冲击面前,他似

乎寻找到了摆脱骈体时文束缚的办法。于是,他常常精读韩愈文章,细心领略其中奥妙,并从学韩愈文章入手,力图在古文创作方面取得新的成绩。

欧阳修少年时与韩愈古文的偶然结缘,为他将来在北宋诗文革新方面埋下了种子,这真是中国文学史上的一件大幸事。欧阳修一生都珍藏着这部韩文旧本,并大力搜寻天下的善本,不断参校修订,使它们成为欧阳家族的传家之宝。

参加科举考试

在宋代,科举考试是社会下层文人改变自己命运的唯一途径。宋代的科举制度承自唐朝,朝廷最重视、世人最关注的就是进士科,进士一等可官至宰相。

宋仁宗天圣元年(1023年),十七岁的欧阳修第一次参加随州州试。州试,又称乡试,是科举时代在地方举行的考试。宋代州试,通常是由本州府通判主考,考试的内容有诗赋、经义和策论等。

按照当时的规定,参加州试之前,要先下"桑梓状",用来证明自己的籍贯,然后要换上统一的正式服装。参加进士科的士子们考前还必须投纳"公卷",内容主要包括自己作的诗、赋、文、论等,以便考官考查士子平时的学业。

正式开考一般是在八月。这一年随州州试,"论"试考题是《左氏失之诬论》,要求考生们论述左丘明《春秋左氏传》纪事里荒诞不真实的地方。欧阳修从小诵读《左传》,

而且向来对"左氏好奇"很不满意,考题对他来说得心应手,文章一挥而就。

但是,由于欧阳修所撰的赋不符合官韵,结果还是落选了。回到家中,他不免懊丧,于是又取出所藏的旧本《韩昌黎先生文集》。他反复诵读,悠然神往,不由得长叹道:"学习写文章,只有达到这样的境界才是一流啊!"

三年以后,即天圣四年(1026年)的秋天,二十岁的欧阳修第二次参加随州州试。这次,他顺利地过关,并取得了赴京师汴京(今河南开封)参加礼部试的资格。

天圣五年(1027年)春天,礼部贡举的主考官是枢密直学士、礼部侍郎、著名的西昆派领袖人物刘筠。按常规,第一日考诗赋,第二日考论,第三日考策,主考官评卷分等后,定出省试合格名单,由贡院张榜公示,并奏明朝廷准予殿试。欧阳修这次的礼部试,没有通过。考场上再次失利,给他的心头蒙上了阴影。

不过,聊以自慰的是,在几个月的京师生活中,欧阳修结交了不少新的朋友。其中有谢绛、王举正等史馆编修官,还有这一榜的状元王尧臣,礼部试进士的第一名吴育,及第进士文彦博、包拯、李清臣和彭思永等。

欧阳修这次离开京师返回随州,走的是水路,沿河南下,朋友们为他送行。在行船途中,他写了《舟中望京邑》和《南征道寄相送者》两首诗。

船在河中行进,沿途有许多名胜古迹,欧阳修一路游览,赋诗作咏,有《题金山寺》《甘露寺》等诗。船舶到达江州(今江西九江)时,他登岸游览了琵琶亭,就是传说中唐代诗人白居易夜听琵琶女弹奏,触景生情而作《琵琶行》的地方。他感慨今昔,写《琵琶亭上作》一诗:

> 九江烟水一登临,风月清含古恨深。
> 湿尽青衫司马泪,琵琶还似雍门琴。

考场中一再失利,使欧阳修认识到自己在时文方面的差距。京师短暂的生活,也使他意识到随州交通的闭塞与文化的落后。这一切促使他外出游学寻求良师指导。最终他选择了汉阳(今湖北武汉市汉阳区)军的知军胥偃。

胥偃,字安道,潭州长沙(今湖南长沙)人,少年时苦学成才,写得一手好文章。当年,著名的文学家柳开读到胥

偃的文章后,连声赞叹道:"这个人不久就会名扬天下。"

果然,胥偃很快考中进士甲科,被授大理评事,通判湖、舒二州,迁直集贤院、同判吏部南曹、知太常礼院,之后又任太常丞、知汉阳军。

汉阳军处于水陆交通会合的重要位置,历来是兵家的必争之地,在当时它是重要的驻兵之地,设知军总理军政。

天圣六年(1028年)夏秋间,欧阳修从随州乘船,沿涢江南下,经过安陆、云梦、汉川,抵达汉阳。他携带了自己的三部诗文稿,并且精心写了一封《上胥学士启》,前往拜谒胥偃。

第一章 敏悟过人

金榜题名,洞房花烛

慧眼识人的胥偃,看到了欧阳修过人的才华,有意将他选为自己的东床快婿,因为家中有一个十二岁的女儿还没有许配人家。天圣六年(1028年)冬天,胥偃由汉阳军调回京师任职,他带着欧阳修一起回到汴京,打算荐举欧阳修投考国子监,让他准备后年的礼部大选。

回京后,胥偃就领着欧阳修到处访师问友,结交社会名流,出席各种文人聚会,在学者师友中广为延誉,使欧阳修在京师声名鹊起。

天圣七年(1029年),也就是欧阳修第二次落榜后的第三年,在胥偃的陪同下,二十三岁的欧阳修第三次参加了科举考试。对于这次考试,欧阳修满怀必胜的信心。

的确,经过三年的磨炼,欧阳修对时文的写作已经得心应手,再加上胥偃的指点,考中已经是意料之中的事了。果然,这次考试发榜时,欧阳修名列第一。他的心情无比

兴奋。

这年秋天，欧阳修以最佳状态参加了国学解试，又获得了第一名。欧阳修在胜利的喜悦中迎来了第二年——天圣八年（1030年）——正月的礼部省试。主持这场省试的是礼部翰林学士晏殊。

晏殊，抚州临川（今江西抚州临川区）人，比欧阳修大十六岁。当时，晏殊无论是在政治上还是在文学上，都已经赫赫有名了。晏殊为人刚正、真诚，喜好结交文人雅士。欧阳修能在他主考下应试，的确算得上是一件幸事了。礼部省试结束，欧阳修又是雄踞榜首。

三月，欧阳修参加了在崇政殿举行的殿试，也取得了较好的成绩，放榜时被录选在甲科第十四名。

考场中的接连胜利，使欧阳修结束了寒微贫贱的生活。从此，他登上了仕途，这固然是一件值得庆贺的事。但是，这次科考成功，也意味着欧阳修在时文面前的一次妥协。对于这一点，他自己也是很清楚的。

天圣七年（1029年）五月，欧阳修被朝廷授为将仕郎、试秘书省校书郎、西京（今河南洛阳）留守推官。这三个官衔之中,前两个官衔都是定禄秩的官阶,用来表示官员的等级而没有实际职务;朝廷差遣他的实际职务是西京留守推官。不过,欧阳修还不用立刻上任,他要等到明年二月——现任西京留守推官仲简任期结束——再前去替补。

利用进士及第后回乡的机会,欧阳修到随州将母亲和妹妹接到京师,以便在京师完成与胥氏的婚礼。

胥氏十五岁,离开自己的父母来到欧阳家,脱离了家仆的照料,亲自侍奉婆婆,不嫌丈夫家境清贫,不辞辛苦。身为名门闺秀的胥氏,知书达理,温柔贤惠。这些对于自幼饱经忧患又历经科举坎坷的欧阳修来说,真是一种巨大的幸福。

新婚燕尔,两情缱绻。欧阳修的《南歌子》一词,就描绘了夫妻恩爱生活的一个片段:

> 凤髻金泥带,龙纹玉掌梳。走来窗下笑相扶。爱道画眉深浅入时无?
>
> 弄笔偎人久,描花试手初。等闲妨了绣工夫。笑问鸳鸯两字怎生书?

第二章 从政前期

与梅尧臣、尹洙提倡古文

宋仁宗天圣九年（1031年）三月，二十五岁的欧阳修满怀喜悦前往西京洛阳赴任。

古城洛阳，在春风的吹拂下，百花盛开，似乎特意为了迎接这位才华横溢的新科进士。龙门耸翠，伊水清澈，一踏上这块古老的土地，欧阳修就被这美丽的风景深深地吸引住了。这里就是他漫漫仕途的起点，也是他涉足文坛的开端。

此时，欧阳修的顶头上司正是西昆诗派领袖之一的钱惟演。这位朝廷重臣，以武胜军节度使同平章事之名，任河南府通判兼西京留守，是洛阳第一长官。

钱惟演博学能文、辞藻清丽、礼贤爱才，又十分热心奖励提拔后进。在洛阳，他多方招徕文人墨客，幕府人才济济：除了欧阳修、梅尧臣、尹洙外，还有谢绛、富弼、苏舜元、苏舜钦和尹源等人。

欧阳修在钱惟演的手下任推官,负责掌管文籍卷宗等。这个职务比较清闲,但欧阳修并没有无所事事,他一边以极大的热情关注朝政,一边漫游西京,结交朋友,积极从事诗文创作。

有一天,欧阳修前往留守府拜谒上司,经过伊水河畔午桥庄时,正好遇到了同僚梅尧臣。梅尧臣,字圣俞,宣州宣城(今安徽宣城)人,前不久调任河南县主簿。他比欧阳修大五岁,身材高大、秀眉大耳。

他们两人从眼前的唐代宰相裴度的午桥别墅"绿野堂"说起,谈到当下流行的典雅雕琢的西昆诗风。他们英雄所见略同,真有一见如故、相见恨晚的感觉。

在梅尧臣的提议下,他们两人当下便结伴去游览香山(在今河南洛阳龙门山之东。唐代白居易曾在此筑石楼,自号香山居士)。四年之后,欧阳修在一首题为《书怀感事寄梅圣俞》的诗中,回忆起了这难忘的初次相见:

……

三月入洛阳,春深花未残。

龙门翠郁郁,伊水清潺潺。

逢君伊水畔，一见已开颜。

不暇谒大尹，相携步香山。

……

当时，梅尧臣的仆人在伊川石濑（指水冲击石头而形成的急流）上抓到了两条鳜鱼，他们回府后做成了羹汤，又一起吟诗联句。十九年之后，梅尧臣在一首题为《涡口得双鳜鱼怀永叔》的诗中，也深情地回忆起这件往事：

春风午桥上，始迎欧阳公。

我仆跪双鳜，言得石濑中。

持归奉慈媪，欣咏殊未工。

是时四三友，推尚以为雄。

于兹十九载，存没复西东。

……

这是我国文学史上的一段佳话。北宋诗文革新运动的一位领袖和一位主将，在龙门伊川相识，从此结为至交，开始了他们崭新的文学创作生涯，也为北宋诗文革新奠定了坚实的基础。

河南府新来的通判谢绛,字希深,杭州富阳人,是梅尧臣的内兄,大中祥符八年(1015年)进士及第,做过县令、秘阁校理和国史编修等官。他擅长文学,知名一时,诗文深受西昆派领袖杨亿的赏识。

欧阳修、梅尧臣和尹洙等人,都是在西昆派的旗帜下接受了钱惟演、谢绛等西昆文人的影响,从此迈上了文学创作的第一步。

特别值得一提的是欧阳修与尹洙的交往。尹洙,字师鲁,河南府人,当时三十一岁,天圣二年(1024年)进士及第。他是一位古文爱好者,博学强记、通古知今,性格强悍直傲,文章简约有法,完全没有宋朝初期卑弱、华靡的风气。欧阳修与尹洙常常在一起议论时政,并且互为师友,学习并倡导古文创作。

初夏时节,钱惟演在洛阳建筑了一座大型驿舍,题名为"临辕馆",他嘱咐谢绛、尹洙、欧阳修分别撰一篇落成记。文章写成之后,谢绛写了五百字,欧阳修写了五百多字,而尹洙只写了三百八十来字,行文简洁古朴、典重有法,明显胜出,令欧阳修心悦诚服。

欧阳修拉住尹洙,讨教文章的做法。尹洙说出了自己的经验之谈:"大概文章最忌讳的,就在其气格弱小、语言烦琐。写文章一定要注意气格高强、语言简洁。"

性格十分要强的欧阳修,当然不甘落后。他独自一人带着酒肴前往临辕馆,一面饮酒,一面观察,仔细琢磨,反复推敲,重新又写了一记,比尹洙的文章还减少了二十个字,显得十分完美。

尹洙读了这篇文章之后,对欧阳修古文的巨大进步表示惊诧:"欧九真是一日千里啊!"当时宋代人喜欢以行第相称,士大夫更是以被人按行第称呼为荣。欧阳修在家里排行第九,除"欧九"之外,还有"欧阳九""九公""九文"之称。

欧阳修、尹洙等人提倡古文,标志着北宋文学创作进入了一个新的发展时期。

北宋立国初期,文风艳冶浮靡,论卑气弱,世人称为"五代体"。到了宋真宗景德(1004—1007年)、大中祥符(1008—1016年)年间,以杨亿、刘筠、钱惟演为代表的华丽诗风,一时盛行于朝野,人称"西昆体"(因编有相互唱和的

《西昆酬唱集》,故名)。它逐渐取代"五代体",形成了四六切对工整、风格雍容典雅的"时文"。到了宋仁宗天圣七年(1029年),形势有所改观。宋仁宗颁发了《贡举诏》,决心整顿文风,革除文学的弊端,反对"浮夸靡蔓"的时文,提倡"理实"的古文。

正是在这种背景之下,韩柳古文开始受到人们的重视。欧阳修出示珍藏多年的《韩昌黎先生文集》,补缀校订,传播人间,沉寂了两百多年的韩愈文章逐渐风行于世。

与陆经的诗文酬唱

宋仁宗明道元年(1032年),陈经外出游学,途中经过洛阳,与欧阳修相聚。陈经,本姓陆,字子履,原籍越州(今浙江绍兴)。生父去世以后,母亲改嫁给河南人陈见素,他跟随继父改姓陈;直到继父病逝,解除丧服之后的陈经又恢复了陆姓。

早在两年前,陆经与欧阳修意气相投,成了好朋友。这一次相聚,欧阳修专门邀请了好友杨子聪、张谷陪,一起陪陆经游览龙门。

洛阳与龙门相距十余里,一个时辰就能够到达,本来可以早上出游、晚上回来的,但是为了尽兴,他们相约夜宿广化寺,从容游玩了两天。

第一天,他们登到上方阁,游览菩提寺,在山林里散步,最后兴尽而归。归途中明月皎洁、松林清幽静谧,欧阳修题了《自菩提步月归广化寺》一诗:

春岩瀑泉响,夜久山已寂。

明月净松林,千峰同一色。

第二天,他们游览香山石楼,卧听八节滩的流水,在当年白居易开辟的历史胜迹前徘徊吟咏。傍晚,他们泛舟伊川,顺流而下,一路上赋诗饮酒,直到夜幕低垂时分才回到洛阳城里。

三天后,陆经告别了欧阳修,继续向西游学。虽然只是两年的新交,欧阳修却越来越喜欢这位比自己年轻而又才华横溢的朋友。分别的时候,欧阳修特地撰写了《送陈经秀才序》。文章虽然名为赠序,实际上是一篇优美的游记,欧阳修抒发了刚劲畅达的人生感慨,折射出双方之间新朋胜旧交的友情。

宋仁宗景祐元年(1034年)春,陆经考中进士,同榜及第的有苏舜钦、赵㲾、丁宝臣等人。次年春,陆经从京师出知绛州翼城(今山西翼城)时,欧阳修恰好在京任馆阁校勘,预修《崇文总目》。分手之际,欧阳修写了《送陈子履赴绛州翼城序》。

宋仁宗康定元年（1040年）冬，陆经调京任大理评事，与欧阳修共同编纂《崇文总目》，两个好友成了同事，真是人生乐事。

宋仁宗庆历四年（1044年）十一月，北宋政府对一批在朝廷重要部门内饮酒聚会的官员进行严厉惩处，史称"进奏院狱"或"邸狱"。苏舜钦作为宴会的组织者，被削职为民；陆经是宴会的参与者之一，第二年他也受到追究，被贬至袁州（今江西宜春）任别驾。历经十年坎坷，宋仁宗至和元年（1054年）年末，遇到大赦，苏舜钦才返回京师，恢复原官；陆经也官复集贤校理。

至和二年（1055年）夏，欧阳修与劫后余生的陆经同游城西李园，即兴赋诗《和陆子履再游城西李园》：

> 京师花木类多奇，常恨春归人不归。
> 车马喧喧走尘土，园林处处锁芳菲。
> 残红已落香犹在，羁客多伤涕自挥。
> 我亦悠然无事者，约君联骑访郊圻。

诗人咏物抒怀，高歌春归人亦归，感慨人才久埋没，对

老友的坎坷际遇无疑是一种难得的温存与抚慰。

宋仁宗嘉祐二年(1057年),陆经任侍御史。秋天,陆经去宿州(今安徽宿县)出任通判,欧阳修又赋《长句送陆子履学士通判宿州》为之送行。

宋英宗治平四年(1067年),欧阳修被贬为亳州(今安徽亳州)知州,赴任途中专门到颍州会晤陆经。不料,欧阳修在颍州生病了,陆经急得又是买药又是找药方。直至多年后,欧阳修还写了一首诗《奉答子履学士见寄之作》,缅怀当年的颍州之行:

忆昨初为亳守行,暂休车骑汝阴城。
喜君再共樽俎乐,怜我久怀丘壑情。
累牍已尝陈素志,新春应许遂归耕。
老年虽不堪东作,犹得酣歌咏太平。

欧阳修终生与陆经保持着纯洁真挚的友谊,彼此诗文酬唱,往来不休。

陆经在任职颍州前后,曾先后将欧阳修的十三首《思颍诗》和十七篇《续思颍诗》刻在石碑上,以示纪念。

妻子、长官、叔父相继去世

宋仁宗明道二年(1033年),欧阳修暂别即将临盆的妻子,赶到汴京办理一桩公事,之后他又顺便前往随州探望了叔父欧阳晔。欧阳晔当时七十五岁,退休在家,身体不适。这是叔侄俩最后一次相见。四年之后,欧阳晔病逝时,欧阳修被贬官夷陵(湖北宜昌市夷陵区),没能及时奔丧;宋仁宗庆历四年(1044年),欧阳晔正式落葬时,欧阳修在朝廷担任谏官,正忙于"庆历新政",虽然为叔父撰写了祭文和墓志铭,却未能亲临凭吊。他在《祭叔父文》中痛苦地说道:

……

昔官夷陵,有罪之罚;今位于朝,而参谏列。荣辱虽异,实皆羁绁,使修哭不及丧,而葬不临穴。孩童孤艰,哺养提挈,昊天之报,于义何阙!唯其报者,庶几大节。

欧阳修沉痛地抒发了自己的哀悼和负疚,追怀叔父养育教诲的恩情,并决心以处世为人的崇高节操来报答叔父。

三月,欧阳修返回洛阳,一场巨灾横祸突然降临到他家。胥夫人生了一个可爱的男婴,可还没等孩子满月,产后感染的疾病夺走了她年轻的生命。欧阳修痛不欲生,长歌当哭,写下了悼亡之作《述梦赋》:

夫君去我而何之兮?时节逝兮如波。昔共处兮堂上,今独弃兮山阿……绿发兮思君而白,丰肌兮以君而瘠。君之意兮不可忘,何憔悴而云惜!愿日之疾兮,愿月之迟,夜长于昼兮,无有四时。虽音容之远矣,于恍惚以求之。

作品采用了传统抒情赋的形式,描述变幻不定的梦境,抒写了作者对妻子的爱恋、回忆、追寻和永难排遣的悲痛。这篇抒情短赋如泣如诉,感人肺腑,是令人百读不厌的悼亡杰作。

四月的一天,竹荫清凉,鸟语花香。欧阳修独自一人坐在绿竹堂,面对着美酒佳肴,脑海却萦绕着胥夫人的倩影,他难以下筷,凄然写下《绿竹堂独饮》一诗:

……

忆予驱马别家去,去时柳陌东风高。

楚乡留滞一千里,归来落尽李与桃。

残花不共一日看,东风送哭声嗷嗷。

洛池不见青春色,白杨但有风萧萧。

姚黄魏紫开次第,不觉成恨俱零凋。

榴花最晚今又拆,红绿点缀如裙腰。

年芳转新物转好,逝者日与生期遥。

……

当初离家暂别的时候,杨柳依依、春风含笑;回到家时,已是桃李残落、牡丹凋零。虽然还有晚开的石榴花竞相吐艳,但是,胥夫人突然去世,使所有的美景都蒙上了悲凉的色彩,令欧阳修肝肠寸断。五年之后,胥夫人所生的

孩子也不幸夭亡了。欧阳修终生铭记着这一段伉俪深情。二十年后,他扶护亡母郑氏灵柩归葬故乡吉州永丰县沙溪镇时,特意将胥夫人千里移骨,葬在父母坟茔旁边。

九月初,西京留守钱惟演受到御史中丞范讽的弹劾,被罢免了平章事的头衔,以崇德节度使移知随州。这里的"知"是主管的意思,"知随州"实际上就是随州知县,不过"知县"这个名称要到明清时代才正式使用。

钱惟演在西京任上,为洛邑幕僚文人提供了宽松闲适的生活环境,创造了自由和谐的文化氛围,使他们在文学创作方面首开时代风气,让北宋诗文革新的种子得以萌芽。

欧阳修向来敬佩钱惟演的文才,更感激他对自己的倚重与厚爱。十二月中旬,当钱惟演起程前往随州赴任的时候,欧阳修、梅尧臣等人为他送行,过了龙门,一直送到离城几十里地的彭婆镇,双方才依依告别。欧阳修的《留守相公移镇汉东》诗咏道:

周郊彻楚坰,旧相拥新旌。

路识青山在，人今白首行。

问农穿稻野，候节见梅英。

腰组人稀识，偏应邸吏惊。

诗中夸赞了钱惟演出行时的仪仗和官品的高贵，可以看出他是在抚慰钱氏那颗受伤的心。然而，垂暮之年的致命打击，贬官于僻郡时凄苦的心境，使钱惟演这次带病离开洛阳后，第二年七月就在随州病逝了。

钱惟演被罢职后，继任西京留守的是王曙。王曙，字晦叔，世居河汾（黄河与汾水的并称，也指山西西南部地区），后移居河南。他为人正直、端庄谨严，又特别重贤爱才。他上任之初，整饬政风，严肃纪律，对欧阳修等人毫无节制地饮酒游乐十分不满。

有一次，王曙疾言厉色地训斥道："你们这样纵酒享乐，难道不知道寇准晚年的祸害吗？"一代名相寇准，是王曙的岳父，晚年曾经以"使相"身份出任河南府通判，因为他生活奢华，纵酒豪饮，最终遭受丁谓等人进谗言陷害，最后贬官流落而死。

王曙训诫的时候，众人唯唯诺诺，没有人敢吭声。只见欧阳修站起来，争辩说："我听说，寇准的罪过不在于他生活奢华，而是因为他年老不愿退步抽身的缘故。"王曙那年七十一岁，正以高龄在位，听后默默不语。

后来，在一次讼案当中，王曙才发现欧阳修办事的精明和干练。有一个士兵从服役地逃回洛阳，被人扭送到推官厅发落。按当时的法令，逃兵应当处以死刑，欧阳修遵循父亲的遗训，谨慎行事，在审讯中觉得有些案情需要进一步调查，因而暂时没有做出最后的判决。

几天后，王曙问欧阳修："那个士兵怎么还没有判罪呢？"

"应该送他回原属部门复审后再做处置。"欧阳修回答。

王曙却不以为然："像这类案子，我做官以来处理过很多起。你刚刚做官，没必要这样畏首畏尾吧！"

欧阳修答道："如果案子由相公直接判决，就是立即斩首，我也没有异议。但若是由我处置，就得按法规办理。相公所言，不敢从命。"

几天以后,王曙从士兵原属部门了解到案由的详情,原来事出有因,此人罪不当死,是自己错了。他连夜召见欧阳修,问道:"那个士兵判罪了没有?"

听欧阳修说还没有判决,王曙才松了口气,说道:"差点儿误了大事!"第二天,王曙命令将这个士兵押送原属部门处理,并且表彰了欧阳修处事有方。

十月,王曙被朝廷召回,担任枢密使。不到两个月的接触,王曙深知欧阳修为人刚直敢言、稳重宽厚,而且学识渊博,才华出众,想要提携他。

返回汴京前夕,王曙郑重地对欧阳修说:"如今朝廷有了规定,大臣可以推荐人选应试馆职。我回朝以后一定会推荐你参加考试的。"

追随范仲淹

明道二年(1033年),宋仁宗亲政以后,对大臣进行重新任免,张士逊、李迪并任宰相,范仲淹被任命为右司谏。欧阳修听到这个消息特别兴奋,因为他对范仲淹的人品早有耳闻。

范仲淹,字希文,苏州吴县(今江苏苏州)人。他幼年丧父,家贫力学,大中祥符八年(1015年)进士及第。他为人外和内刚、崇尚气节、慨然有志于天下,有名言"先天下之忧而忧,后天下之乐而乐"。

在宋代,谏官的官阶虽然不高,却掌管着规谏讽喻的大权,可以直接向皇帝进言。凡是朝政有什么错误、皇帝任用官员不当、官署处事有误时,谏官都可以规劝。由于谏官的职责是挑剔朝政缺失,指摘君臣的过错,常常遭人忌恨,因此,许多人都不愿意担任这个职务。欧阳修十分看重范仲淹担任谏官之职,认为谏官担当天下兴亡的责任,肩负朝政改革的希望。范仲淹进京履职一个多月，欧阳修还不见他有所诤谏，便写了一封《上范司谏书》。

欧阳修高度肯定了谏官的作用，将谏官与宰相相提并论，表达了对范仲淹所寄托的殷切期望。信中还指出：称职的谏官"系天下之事，亦任天下之责"，失职的谏官则会"取讥于君子"，因而谏官责任十分重大。接着他又引用了唐代韩愈《争臣论》，批评谏官"待机进谏"的传统论调。

欧阳修敦促范仲淹千万不要以"朝政清明""天下无事"作为借口，更不能用"有所待"为托词，推脱自己谏官的职责。欧阳修要求范仲淹尽快拿出实际行动来，以直言进谏证明自己是一位合格的谏官。

欧阳修小范仲淹十八岁，他们是在天圣七年（1029年）就读国子监时相识的。在欧阳修写《上范司谏书》之前，他和范仲淹并没有什么密切往来；这封信使他与范仲淹拉近了关系。从此以后，欧阳修追随范仲淹，积极地投身于朝政改革的事业中。

景祐元年（1034年），欧阳修西京推官任期届满。他回到京师，在王曙的推荐下，通过学士院考核，升为馆阁校

勘，进入了文学侍从之列。与欧阳修同为馆阁校勘的，当时还有尹洙、蔡襄等。他们按照朝廷的旨意，将三馆、秘阁的藏书重新整理，编写了一套详细的目录，也就是《崇文总目》。

当欧阳修置身秘阁、埋头古籍的时候，朝堂中动荡不安。景祐三年（1036年），宋朝统治集团内部展开了一场激烈的斗争。范仲淹为了革除弊端，指陈时弊。宰相吕夷简大为恼火，在宋仁宗面前诋毁范仲淹。范仲淹和政见相同的官员相继遭到贬黜。这时，能够站出来说话的就只有谏官了。可是，当时担任司谏的高若讷，不但不替范仲淹辩白，反而仰承宰相的鼻息，竭力诋毁范仲淹。

在这种情况下，欧阳修不顾朝廷"戒百官越职言事"的诏令，连夜写了《与高司谏书》。这是关于司谏的第二封信，也是欧阳修前期的重要作品。

欧阳修虽然十分愤怒，但下笔却从很远的地方说起，语言温和，却指出了问题的本质。他认为，如果谏官沉默是因为胆小怕事，那就是庸人失职；如果属于阴险伪善，那就是不可饶恕的罪孽。文章这样写道：

……夫人之性,刚果懦软,禀之于天,不可勉强,虽圣人亦不以不能责人之必能。今足下家有老母,身惜官位,惧饥寒而顾利禄,不敢一忤宰相以近刑祸,此乃庸人之常情,不过作一不才谏官尔;虽朝廷君子,亦将闵足下之不能,而不责以必能也。今乃不然,反昂然自得,了无愧畏,便毁其贤以为当黜,庶乎饰己不言之过。夫力所不敢为,乃愚者之不逮;以智文其过,此君子之贼也。……

虽然文词看上去是欧阳修对高若讷充满了"怜悯"之心,实际上,他将高若讷贬到连"庸人"都不如的卑下地位,他揭露了高氏用小聪明粉饰自己的大过失,属于君子中的败类。

当然,高若讷面对这种揭露,可能还可以用"范氏不贤"来自我解说。于是,欧阳修再退一步,假设范仲淹真是个"不贤"之人,然后运用一个漂亮的两难推理,将高氏置于无可辩驳的境地。文章中指出:如果范仲淹真的不贤,三四年来皇帝一再提拔他,高若讷作为谏官,有责任早该

提出来；如果范仲淹真的是个贤人，这样的紧要关头，高若讷更应该替他说话。所以，无论范仲淹贤与不贤，高若讷都难辞其咎。文章最后急转直下，发出了义正词严的斥责：

> ……昨日安道贬官、师鲁待罪，足下犹能以面目见士大夫，出入朝中称谏官，是足下不复知人间有羞耻事尔！所可惜者，圣朝有事，谏官不言而使他人言之。书在史册，他日为朝廷羞者，足下也。……

"不复知人间有羞耻事"一语，便是欧阳修开始骂高若讷的地方。他斥骂峻厉，又责备得体。欧阳修当然预料到这封信会给他带来什么后果，但依然从容镇定地说：

> 若犹以谓希文不贤而当逐，则予今所言如此，乃是朋邪之人尔。愿足下直携此书于朝，使正予罪而诛之，使天下皆释然知希文之当逐，亦谏臣之一效也。

这是历代议论散文中难得的讽刺作品，像一柄尖刀，剥下了阿谀逢迎者的画皮，刺破玲珑奸猾辈的假面，也在一定程度上揭露了宋代谏诤制度的虚伪。

高若讷读过之后,羞恨恼怒,将信拿给宋仁宗看,说欧阳修蓄意攻击天子,以惑众听,要求予以惩办。于是,欧阳修在送别尹洙的当天晚上,也被驱逐出朝廷,贬为夷陵县令。

蔡襄得知消息后十分气愤,作了《四贤一不肖》一诗,在诗中赞扬了范仲淹、余靖、尹洙、欧阳修四人,严厉地斥责了高若讷。

欧阳修在离开朝廷去夷陵上任的前夕,撰写了政论文《原弊》。所谓"原弊",是指推究宋朝弊政的根源,分析当政者轻农、滥用民力的弊端。文章以农本思想立论,揭露了国家目前所面临的三大问题:一是"诱民之弊",指朝廷利用某些政策性倾斜,诱使百姓成为不事生产的僧侣和士兵;二是"兼并之弊",指土地兼并、高利贷盘剥等导致人民生活困苦不堪;三是"力役之弊",指繁重的劳役造成民力困乏。指出国家挽救弊政的关键措施,在于仁政重农,"节用而爱民"。

欧阳修所揭示的,虽然不是宋朝全部的弊政,却也切

中了时弊的要害。这些议论,是欧阳修之后积极参与"庆历新政"的思想基础。他开始为酝酿中的社会改革运动摇旗呐喊、制造舆论。

患难之中与好友共勉

景祐三年(1036年)五月,欧阳修被贬为夷陵县令。从汴京前往峡州的夷陵,有水路和陆路两种方式。陆路比较近便一些,走过襄阳,经过荆门,一共有二十八个驿站,大约一千六百里。欧阳修原计划走陆路,但是,由于当时正值酷暑,又缺少马匹车辆,只能改行水路。水路需要绕个大弯,他们得沿着汴河,渡过淮水,进入运河,逆长江而上,全程大约五千六百里,需要航行一百多天。

欧阳修携带着老母寡妹,简直是被驱逐出京城的。御史台的官吏们天天登门催他们上路,那些人凶神恶煞,蛮不讲理。五月二十四日,欧阳修全家来不及收拾,匆忙搬入了船舱。

第二天船驶出东水门,靠岸的时候,因为汴河水流湍急,船体横着停在河面上,差点儿颠覆。一家人惊慌失措,丢下船只登岸避难。在随后的两天里,王拱辰、薛仲孺、

孙道滋、蔡襄、刁约、胡宿、王洙、郑戬、叶清臣、王质等亲朋好友，相继前来同他们话别。五月二十八日，欧阳修正式起程。

六月初，船只经过宿州（今安徽宿州），第二天到达泗州（今安徽宿县）。欧阳修在这里休息了三天。应知州张夏的请求，欧阳修撰写了《泗州先春亭记》，其中详细叙述了张氏修河堤、建旅舍的功劳，表彰了他的爱民政绩。之后，他们行船转到淮河。

六月中旬，欧阳修一家抵达楚州（今江苏淮安）。在那里，他遇到了贬谪至筠州（今四川筠连）的余靖。在他们饮酒时，欧阳修想起梅尧臣寄来的《闻欧阳永叔谪夷陵》一诗：

共在西都日，居常慷慨言。
今婴明主怒，直雪谏臣冤。
谪向蛮荆去，行当雾雨繁。
黄牛三峡近，切莫听愁猿。

对于欧阳修的刚正直言，梅尧臣担心刚者易折，怕他经受不住逆境的考验,因而劝勉他到了贬谪之地千万不能陷入穷愁潦倒之中。

欧阳修在与余靖的交谈中,还感慨韩愈被贬潮州(今广东潮州)时所撰写的穷愁文字。他勉励余靖在逆境中千万不要一副可怜相,更不要哭穷叫苦。

作为一位正直的士大夫,欧阳修觉得:因进言被罢黜,他心甘情愿,没有必要乞求他人的垂怜。之后,欧阳修又转述了他与余靖交流的话语,与同在患难之中的尹洙共勉。

八月中旬,欧阳修一家行船到江州。欧阳修本来已经预约友人第二天同游庐山,不料却偶染风寒,没有成行。他带着病登上琵琶亭,此时故地重游,回想起当年落第返乡,今日贬官谪远,心绪大同小异,因而凄然写下了《琵琶亭》一诗:

乐天曾谪此江边,已叹天涯涕泫然。
今日始知予罪大,夷陵此去更三千。

欧阳修拿自己与"天涯沦落人"的白居易相比较,自认

为罪恶浩大,这明显是反话。他并不是悔罪知过,而是借诗发泄郁积在内心深处的怨愤。

九月初,载着欧阳修一家的船只停靠在岳州(今湖南岳阳)城下,夷陵县衙已经派遣官船前来迎接。那晚,风平浪静,欧阳修写了《晚泊岳阳》一诗:

卧闻岳阳城里钟,系舟岳阳城下树。

正见空江明月来,云水苍茫失江路。

夜深江月弄清辉,水上人歌月下归。

一阕声长听不尽,轻舟短楫去如飞。

月下停船,听到城内钟声响起,欧阳修辗转难眠。他看到江上明月空灵,云与水合成一片苍茫,同时又有渔歌唱夜,轻舟飞驶。这是一幅明净而优美的洞庭月夜图,欧阳修羁旅他乡的怅惘之情尽在不言之中。

后来,欧阳修一家登上官船,与湘潭商民李迁在岳阳分别。李迁在行船途中,于九江购买了一块碑石,斫削磨平,准备为自己新建的湘潭县药师院佛殿刻石立碑,特地请求欧阳修为他作记。欧阳修当即便爽快地答应了,并在九月兑现诺言,撰写了《湘潭县修药师院佛殿记》。

文章记述了李迁的为人,比起务工务农的劳苦艰辛,作为商人的李迁深深地感受到经商致富的幸运,为了答谢世人,回馈社会,他花费重金修建了湘潭县药师院佛殿。这篇文章的字里行间,展示出了在重农抑商的封建制度下,一位安分守己、积善求福的正直商贩的内心世界。

十月下旬,欧阳修一家终于抵达夷陵。夷陵属于下县小邑,依山临江,为荒僻之地,十分贫困,与洛阳和汴京的繁华相差甚远。

夷陵四年

欧阳修上任以后,就亲自处理各种公务。他取出之前已经审理结案官司的档案反复阅读,发现其中蒙冤受屈的案子数不胜数。有的无中生有,有的颠倒黑白,有的徇私舞弊,有的甚至违背常理,千奇百怪,不一而足。

欧阳修慨叹不已,夷陵这么一个偏远的小县,就有这么多案件长期得不到公正的处理,全国各地的政治黑暗便可想而知。他仰首问天,心中暗暗发誓:从今以后处理政事,一定要小心谨慎,千万不能疏忽大意。

刚上任时,欧阳修狠下了一番工夫,整顿县衙吏治,健全规章制度。他的为政经验是:新到任所,立即颁发条令,建立威信;一切准备就绪,步入正轨以后,如果人民的生活变得安乐起来,再实施相应的宽简政治。

夷陵的古迹和民俗,欧阳修也十分感兴趣。县舍西边住着一位好学的处士何参。据《东湖县志》称:此人"居笃学坊,博学好义,不求闻达,人称处士"。欧阳修常常到他那里,听一些关于历史遗迹、荆楚三国的传闻故事,了解当地的风土人情、乡礼民俗。

夷陵的古迹和民俗,使素有访古癖好、不断撰写《集古录跋尾》,也喜欢写笔记文的欧阳修饶有兴趣,丰富了他的生活。当他读到唐人李吉甫、丘玄素等人的神女庙诗后,也抄录在自己的《集古录》里。他在夷陵的诗作,描写了很多峡州的风情风俗,如《夷陵书事寄谢三舍人》有云:

春秋楚国西偏境,陆羽《茶经》第一州。
紫箨青林长蔽日,绿丛红橘最宜秋。
道涂处险人多负,邑屋临江俗善泅。
腊市鱼盐朝暂合,淫祠箫鼓岁无休。
……

《寄梅圣俞》有云:

青山四顾乱无涯,鸡犬萧条数百家。
楚俗岁时多杂鬼,蛮乡言语不通华。

绕城江急舟难泊,当县山高日易斜。

击鼓踏歌成夜市,邀龟卜雨趁烧畲。

……

概括地看,欧阳修诗中反映的民情风俗主要有以下三方面:一是在特定地貌和气候条件下山民生活和生产的情况,如背负竹篓重物山行,烧畲(烧荒种田)、割漆,在梯田里比赛摘花椒等。二是山区物资交换、集市贸易的情况,反映了朝市、夜市、酒市、水上集贸的热闹场面。三是平时"击鼓踏歌""邀龟卜雨"等多种活动,以及岁末乡民跳神祭鬼、祈求丰年的盛大仪式。这些记载由欧阳修亲见亲历而得,为湖北宜昌一带保存了珍贵的民俗资料。

欧阳修在夷陵学习历史和现实的知识,取得了丰富的创作成果,促成他文思成熟,诗情转向苍凉挚切。

值得庆幸的是,峡州军事判官丁宝臣是欧阳修的旧交。

丁宝臣,字元珍,晋陵(今江苏常州一带)人。年轻的时候,与他的哥哥丁宗臣都因文章写得好而著称于乡里,号为"二丁"。景祐元年(1034年),兄弟俩双双进士及第,同时与在京师的欧阳修相识。丁宝臣当年离京赴任时,欧阳修写了《送丁元珍峡州判官》一诗。

在欧阳修前往夷陵的途中,船只到达建宁时,欧阳修收到丁宝臣的慰问信后写了《回丁判官书》,其中写道:

> 修之是行也,以谓夷陵之官相与语于府,吏相与语于家,民相与语于道,皆曰"罪人来矣"。……及舟次江陵之建宁,县人来自夷陵,首蒙示书一通,言文意勤,不徒不恶之,而又加以厚礼,出其意料之外,不胜甚喜,而且有不自遂之心焉。

朋友的热情礼遇,出乎欧阳修的意料,让他感激不已。丁宝臣同时又介绍与自己同年及第的峡州推官朱处仁与欧阳修结识。

政事之余,欧阳修与丁宝臣判官、朱处仁推官等相约一同出去游玩,他们探三游洞,下牢溪、龙溪、黄溪,访蛤蟆背,谒黄牛峡祠,游甘泉寺等,每到一处,低回流连,饮酒赋

诗。著名的"夷陵九咏",就是在这个时期创作的。与洛阳年少时写的《游龙门分题十五首》《嵩山十二首》相比,欧阳修的"夷陵九咏"于苍凉中见劲健洒脱,进步之大可见一斑。诗作《黄溪夜泊》中写道:

> 楚人自古登临恨,暂到愁肠已九回。
> 万树苍烟三峡暗,满川明月一猿哀。
> 非乡况复惊残岁,慰客偏宜把酒杯。
> 行见江山且吟咏,不因迁谪岂能来!

别乡远贬,岁暮思亲,令人惆怅满怀;但日间赏景,月夜泊舟,和二三好友把酒临风,对月吟咏,又是人生难得的幸事乐事。坏事变好事,诗人的情绪变得旷达、豪逸起来:"行见江山且吟咏,不因迁谪岂能来!"这不是官场失意之余故作豁达、自求超脱,而是"人生忧乐转相寻"的一种顿悟。

由于夷陵地处荒远,一般士人大多不愿意来这儿做官。但欧阳修对此并不介意,他反倒觉得这里的江山格外秀美，仿佛有意向那种传统的贬谪伤感情绪挑战似的。欧阳修还将自己县舍的东厅题名为"至喜堂"，写下了《夷陵县至喜堂记》。另一篇《峡州至喜亭记》，还记述了附近长江流水的缓急变化。

峡州的奇花异木，为欧阳修创作开拓了咏物的领地。或托物言志，或借物寄慨，这些作品继承传统的比兴手法，又据事物本身的特征展开联想，写来内容充实，感情激越。从三峡转至夷陵，江水虽然宽阔平缓，但两岸山势仍然很险峻。从船上向极险的山际望去，可以看到一片片葱茏的黄杨树。多少年来，这种普通的常绿灌木，既不为文人墨客所爱赏，也不被樵夫野老所怜惜。它们默默地生长在穷山僻谷之间，挺立在断崖绝壁之上，朴实而又刚强。据此，欧阳修写下了《黄杨树子赋》，为它们高唱赞歌。《黄杨树子赋》内容是借物自拟，一吐胸臆不平；形式是骈体小赋，用于自抒情怀，开了《秋声赋》《赤壁赋》的先声。

景祐四年（1037年），欧阳修作《戏答元珍·花时久雨之什》，这是他的得意之作：

春风疑不到天涯,二月山城未见花。

残雪压枝犹有橘,冻雷惊笋欲抽芽。

夜闻归雁生乡思,病入新年感物华。

曾是洛阳花下客,野芳虽晚不须嗟。

此诗由吟咏景物,引人自抒怀抱。二月的夷陵春寒料峭,残雪在枝,山花未开,龙蛇犹蛰,却见红橘挂树,春笋抽芽,生命在恶劣环境中仍然顽强地表现自己。作者由此体悟到:山中春风晚到,山间野芳终会绽放;人在压抑中无须嗟叹,而应在彷徨和惆怅中振起。尽管"夜闻归雁生乡思,病入新年感物华",但"曾是洛阳花下客,野芳虽晚不须嗟"。展现了顽强的生命意识,相信羁闭在穷乡僻壤的命运会改变,也许这正是本诗内在动人的力量。

景祐四年(1037年)二月,一位在徐州做官的诗友谢伯,赠送给欧阳修一方古瓦砚,同时寄来了诗文。欧阳修写了七言长韵《答谢景山遗古瓦砚歌》和《春日西湖寄谢法曹歌》等诗。

另一位白衣秀才田画,从湖北江陵出发,前往四川万县探亲,途中经过夷陵时,他登岸拜谒了欧阳修。田画,字文初,祖父是宋代开国时卓有战功的将领。身为将门之后,田画弃武从文,参加了进士考试。

欧阳修与田画素昧平生,这次萍水相逢,一见如故。他陪同田画登高望远,游东山寺,探绿萝溪,畅游多日后,双方才依依不舍地分别。临别之际,欧阳修撰写了赠序和赠诗,抒写彼此之间真挚深厚的友谊,表达了对田画来访的感激之情。

欧阳修曾在洛阳度过一段惬意的时光,主要因为有一群文朋诗友,恣意地游览名山胜水,切磋诗文。来到夷陵,朋友们的眷注关怀,温暖了他那颗孤寂的心。

阳春三月,欧阳修向朝廷告假,前往许昌迎娶已经故去的资政殿学士薛奎的第四女为继室。薛奎,字宿艺,绛州正平(今山西新绛)人。进士出身,天圣七年(1029年),官至参知政事。景祐元年(1034年),因病辞官。

当时薛奎见欧阳修已经丧妻,有心将女儿许配给欧阳修。但欧阳修以门不当户不对为由推辞了,偏偏薛奎同年溘然去世,这场婚事没办成。

三年后,薛奎丧期已满,遗孀金城夫人赵氏见欧阳修再丧杨氏夫人,于是遵照丈夫的遗愿,通过侄儿——也就是欧阳修的好朋友薛仲孺——重提此事。欧阳修的母亲郑氏得知后非常高兴,当即督促儿子回信议婚,同时让他向朝廷告假,尽快赶往许昌迎娶。

到达许昌之后,欧阳修与薛氏举行了婚礼。按照朝廷的规定,官员结婚只有九天假期。欧阳修此行向上司告假,估计还多请了几天假。婚后没几天,他就带着妻子匆匆踏上了归程。

经过长途跋涉,欧阳修和妻子终于到达了夷陵境内的望州坡。站在坡头上,眺望夷陵城,欧阳修有一种苦尽甘来的感觉。他写下了《望州坡》一诗:

闻说夷陵人为愁,共言迁客不堪游。

崎岖几日山行倦,却喜坡头见峡州。

从此,在欧阳修的身后,有了一位贤内助。当时二十岁的薛夫人,通诗书,知礼仪,也懂得音乐,善于弹琴,为人精明清正,深明大义,处事机智敏捷,有他父亲的遗风。

薛夫人本是一位大家闺秀,来到这穷乡僻壤后,她毫无怨言,任劳任怨,克勤克俭,既能妥帖地安排好一家人的饮食起居,又能照顾好年迈体弱的婆婆。

回到夷陵不久,欧阳修就寄书信给内弟薛仲孺,报告他们婚后的家庭生活,说他们家人和睦安好,同甘共苦,家门有幸。

后来,薛夫人跟随欧阳修走南闯北,随遇而安,与他相依相伴数十年。

欧阳修爱夷陵的百姓,爱夷陵的山水,也珍爱夷陵的物产。北宋以前峡州就开始生产纸和砚,欧阳修在京师任职的时候就有耳闻。那时,他与三司的官员交往密切,三司是掌管盐铁、税赋税租、户口田赋的部门,印发公文表格和户籍等工作都离不开纸张,但是那时所用的纸全由河中府供给。三司官吏孙文德,常常出入省试考场,见过许多试卷、账籍和书册百家纸,唯独峡州的纸不朽损,很耐用。欧阳修在离开京师之时,孙文德曾经劝他多收藏些峡州

纸张。

欧阳修用过峡州纸后，曾经在《峡州河中纸说》中称赞道："夷陵纸不甚精，然最耐久""天下账籍，惟峡州纸不朽损。"之后，经过四年多的贬谪生活，欧阳修回到京师。皇上又下诏书，将他迁升为集贤校理，职责是监察任免京师一般官员和缮写收藏各类文书等。欧阳修便利用这个机会，下令"用峡州纸供公家及馆阁为官书"。

在夷陵任内，欧阳修在学术上大有建树，除了酝酿新编《五代史》，继续搜录《集古录》的资料外，在经学上也有重大的突破。他撰有《易或问》三首，指出《易经》的《系辞》并不是孔子之作，对从汉儒到唐代学者都深信不疑的传统说法提出了挑战，从而开创了宋代疑经惑传的时代风气。

欧阳修生前编集子时，把夷陵诸记与《黄杨树子赋》以及大部分诗作都收在《居士集》，而在洛阳期间作的《红鹦鹉赋》《非非堂记》《丛翠亭记》等，则由后人编在《居士外集》中。由此可以看出欧阳修对夷陵作品十分重视。时间只相隔三五年，夷陵之作相比洛阳之作，无论是思想境界还是表现手法，都大大提高，多有人生体验与感慨。

在人生三十岁的大好年华,欧阳修受到打击,尝到了生活的酸涩苦楚,所以文思比年龄成熟得更早。诗穷而后工,在他身上得到了再一次印证。

如果说洛阳三年是欧阳修在政治认识、人生修养上做准备的时期,那么,在夷陵的这几年则是他政事和学术的正式发端,也是他创作上第一次飞跃的时期。

贬谪生活,使欧阳修了解到吏治的黑暗、下层社会人民的生活情况,促使他支持改革弊政的愿望更加坚定。政治上的挫折,没有扑灭他人生的理想之火,他的性格也因经历了捶打而变得更加沉稳和坚毅。在创作上,由于阅历的增长,他的诗歌古文有了更加丰富的内容,感情体验更加真挚、深沉而独到。

从乾德到滑州

景祐四年(1037年),欧阳修受命前往光化军乾德县(位于今湖北老河口市)做县令。这次虽然是平级调动,但乾德的地理、交通和经济状况都比夷陵好很多。

乾德,位于京西南路中部,汉水中游东岸,是光化军治的所在地。光化军乾德县是军事要地,有驻军大粮仓,又处在京西南路、荆湖北路,是通向京师的必经之地,距离南阳(今河南南阳)、邓州(今河南邓州)和襄州(今湖北襄阳)等名城都不算太远。

欧阳修到乾德上任不久,就遇上了春季大旱。春耕春播时如果无雨,整年将没有收成,于是他立即出城,视察灾情。面对严重的旱情,欧阳修写了《求雨祭文》和《求雨祭汉景帝文》,他认为灾害之因在人而不在天:

> 吏之贪戾,不能平民,而使怨吁之气干于阴阳之和而然也。

阴阳失调，或涝或旱，是由百姓的怨气上冲于天造成；怨气由人间不平产生，不公不平由官吏贪墨、暴戾造成。人怨而后天怨，阴阳失衡导致灾害。

同时，欧阳修对自己做官的行为进行了深刻的反省和自责：

> 修以有罪，为令于此，宜勤民事神以塞其责。令既治民狱讼之不明，又不求民之所急，至去县十余里外，凡民之事皆不能知，顽然慢于事神，此修为罪又甚于所以来为令之罪。

在祈雨得雨、旱情解除、民困得苏之后，欧阳修写了古体名篇《答杨辟喜雨长句》。这首诗突出地反映了欧阳修勤政悯农的思想，尖锐地揭露了北宋社会黑暗腐败造成的不合理现象，对时弊进行了有力的鞭挞。此诗用散文结构，前部分从正面着笔，讲善为政者应该怎么做：

> 吾闻阴阳在天地，升降上下无时穷。
> 环回不得不差失，所以岁时无常丰。

古之为政知若此,均节收敛勤人功。

三年必有一年食,九岁常备三岁凶。

纵令水旱或时遇,以多补少能相通。

这里的要点是"均节收敛勤人功",意思是赋税征收要均平,使用要节制,促使耕者勤于农事。后部分换一个角度,批评不善政的愚吏造成的社会恶果:

今者吏愚不善政,民亦游惰离于农。

军国赋敛急星火,兼并奉养过王公。

终年之耕幸一熟,聚而耗者多于蜂。

是以比岁屡登稔,然而民室常虚空。

……

表面上批评"吏愚",实际上是针砭时代弊端、社会痼疾。这是一篇诗体的政论,是《原弊》内容的浓缩,《原弊》所揭露的三大弊,诗中都提到了。

欧阳修在勤政恤民之余,学术上也没有放松:《诗本义》《诗解》正在陆续撰写;《易》《春秋》的研究正在进行;《五代史记》的材料基本齐备,正在梳理,新编部分已写出草稿,正待增删编次。同时,欧阳修又对古代碑刻产生了浓厚兴趣,在县境内外寻访、收集古碑刻。

宝元二年(1039年)初,欧阳修收到孙侔的一封来信,信中对欧阳修提出了中肯的批评。孙侔,字正之,早年丧父,家境贫寒,为了养亲,曾经多次参加进士考试,都落榜了。在母亲病逝后,他立誓终身不仕,后来成为扬州一位负有盛名的隐士。

孙侔文章奇古,品行孤峻,不轻易结交朋友,江淮间的士大夫对他非常敬畏。两年前,他通过丁宝臣给身在夷陵的欧阳修写信,投赠杂文两篇。欧阳修复信《答孙正之第一书》,对他表示肯定。

这次孙侔来信,直言欧阳修的过失。欧阳修对这位诤友的意见非常重视,并认为孙侔"待吾者厚,爱我者深",立即写了《答孙正之第二书》:

仆与吾子,生而未相识面,徒以一言相往来,而吾子遽有爱我之意,欲戒其过,使不陷于小人。此非惟朋

友之义，乃吾父兄训我者，不过如此也。

欧阳修把后生孙侔的批评，看得相当于父兄之训教，接受批评的态度是何等诚恳，对直言相诫的诤友又是何等敬重！

在回信中，欧阳修还谦虚地表示，自己在成长过程中，懂得圣人之大道比较晚。三十岁以前，喜爱华美的文章，不懂得有些事情不应该做，未能及时戒止或节制；后来，稍微懂了一点圣人之道，悔恨过去的过错；今后下决心"力为善以自赎"，相信为时不晚。

梅尧臣第二次应举落榜后，接受襄城县知县的任命，同谢绛结伴南行，一起来到隆中（在今湖北襄阳）。乾德距离隆中不过百余里，梅尧臣邀请欧阳修前往相聚，欧阳修喜出望外，立即驱车赶来，他们三人又在隆中和乾德之间的清风镇相见了。从此之后，欧阳修和梅尧臣来往更加密切，他俩常常一起交流体会，品评新作。

梅尧臣曾经写了《送永叔归乾德》，赞美了陶潜不为五斗米折腰、安贫自适的磊落胸襟，借以颂扬欧阳修的刚直性格、豁达气度。这是称赏,也是勉励。

宝元二年(1039年)六月,欧阳修起复旧官,以镇南军节度掌书记的官衔,暂时担任武成军节度判官厅公事。武成军,在京西北路的滑州(今河南滑县)。不久,欧阳修就携带家眷借居南阳,等待现任节度判官赵咸宁第二年二月任期满后,再前往接替。

在邓州知州谢绛的帮助下,欧阳修一家在南阳生活得十分如意。他们住在邓州城东南隅,附近有百花洲、清溪松林、荷叶莲花,环境幽静而甜美。

十一月的一天,一件令人悲痛的事情发生了:谢绛在邓州病故,年仅四十五岁。欧阳修五天之前还看望过患病的谢绛,见他气色还好,死讯传来,欧阳修异常震惊。

谢绛性格深沉,喜怒不形于色,然而遇到问题敢于说出自己的看法,柔中有刚。谢绛为政以宽静为本,所到之处革弊兴利,深得民心。他平生喜欢招待宾客,病逝以后甚至连一件入棺的新衣服也没有。

欧阳修向来敬重这位良师益友,并对他寄托厚望。谢绛正当盛年,以尚书兵部员外郎、知制诰出知邓州,前途不

可估量,谁知身患暴病,遽然离世。欧阳修为此慨叹不已。

后来,谢绛灵柩落葬时,欧阳修又为他作《尚书兵部员外郎知制诰谢公墓志铭》,叙述谢绛的为人、为政、为文,颂扬他终生的大节,表达自己对他的敬意。

从夷陵到滑州这一时期,欧阳修不但在文学创作上有了很大的提高,而且在艺术鉴赏和文学理论上也进入新的阶段。特别是对梅尧臣的诗歌,他已经不再单纯欣赏那"本人情,状风物"的技巧,而是注意到梅尧臣的诗发扬古诗传统所形成的独特风格,并为此虚心向梅尧臣请教。

梅尧臣含意深邃、语言清淡的诗风,不仅纠正了西昆派的形式主义,而且也扭转了韩愈以文为诗、追求险怪的偏颇。欧阳修在经过挫折之后,终于领悟到梅尧臣诗歌的这一特色,这确实是难能可贵的。

有一次,一位姓乐的秀才,带着自己的古文作品拜访欧阳修。欧阳修告诉他:一个人思想充实、卓有见识,他的作品就会自然产生艺术的光彩,就像金玉的光泽,并不是用什么颜色涂上去的,而是由自身天然放射出来的。

当然,思想内容对艺术形式有着决定的意义,但艺形式也必须讲究。欧阳修很欣赏梅尧臣对诗的认识,梅尧臣认为:诗要达到意境和语言的统一,思想内容也要与艺术形式结合起来。这些进步的文学观念,是从唐代继承下来的,也是欧阳修、梅尧臣在实践过程中逐渐领悟到的。

康定元年(1040年)正月,宋仁宗调尹洙为泾原秦凤经略安抚司判官,升范仲淹为龙图阁直学士、陕西经略安抚副使,同时命他到前线抵御西夏军。此时,欧阳修也恢复了馆阁校勘的职务。

从景祐三年(1036年)到康定元年(1040年),欧阳修经历了四年多的贬谪生活之后,又官复原职,回到京师。梅尧臣闻讯寄来《闻永叔复馆因以寄贺》一诗,除了替他高兴之外,其中的"东方有鋚禽,已喜羽翰插。重来金马门,莫忘黄牛峡"是在叮嘱欧阳修:在重新飞进金马玉堂供职的时候,一定不要忘记贬谪夷陵的艰苦岁月,勉励他继续关注社会疾苦。

在夷陵黄牛峡以及乾德、滑州的这一段生活,欧阳修是不会忘记的,而且对他一生的文学事业产生了极其重要的影响。

被召回京师

康定元年(1040年)六月,欧阳修被召回京师,恢复馆阁校勘职务,仍然参与修纂《崇文总目》。

欧阳修回到京师汴梁不久,《崇文总目》书成奏报,他当即被迁升为集贤校理。集贤,指集贤院。校理,指受理院事、缮写珍贵书籍等。从此,欧阳修又有机会与京师的旧友相聚了。

苏舜钦这时已经考中进士,苏舜钦的好友石延年也与欧阳修很合得来。

石延年,字曼卿,宋州宋城(在今河南商丘)人。他身材魁梧,性格豪爽,能诗善文,擅长书法,文风刚劲雄健,有"天下奇才"的美称。

石延年年轻时多次参加进士考试,都遭遇黜落,后来虽然以恩荫获得官职,却长期职位低微,郁郁不得志。但他不愿屈己就人,转而结交天下的奇士,与欧阳修交谊深厚。

在欧阳修返京的第二年,即康定二年(1041年)初,石延年就病逝了,享年四十八岁。噩耗传来,欧阳修写了《哭曼卿》一诗,其中咏道:

> 嗟我识君晚,君时犹壮夫。
> 信哉天下奇,落落不可拘。
> ……
> 作诗几百篇,锦组联琼琚。
> 时时出险语,意外研精粗。
> 穷奇变云烟,搜怪蟠蛟鱼。
> 诗成多自写,笔法颜与虞。
> 旋弃不复惜,所存今几余。
> 往往落人间,藏之比明珠。
> ……

欧阳修高度赞扬石延年的诗歌成就、书法艺术,哀悼他在盛年凋谢。同年,欧阳修为他写了《石曼卿墓表》,由苏舜钦书写,请人刻石。《石曼卿墓表》感慨石延年独特

不凡的个性和坎坷的遭遇，表达了自己的追思与惋惜，同时对冷遇、压抑有为之士的不合理现实充满了愤懑之情。二十多年后，在亳州任上，欧阳修还深情地撰写了《祭石曼卿文》，派人专程到石延年墓前致祭。这些悼念文字，写得低回缠绵而又凄清超逸，笔意驰骋，变化自如，这是同类抒情散文中的佳作。

秋冬之际，曾巩来到汴京，进入国子监广文馆学习。曾巩，字子固，建昌军南丰（今江西南丰）人，时年二十三岁。之前他曾参加科举考试失败，这一次，他投书拜谒欧阳修，表达自己由衷的钦佩之情，并呈献两册杂文时务策，虚心求教。

欧阳修读了曾巩的文章后，叹为观止，把他视为诗文革新事业中志同道合的战友。欧阳修后来对人说道："拜访我的人成百上千，我最赏识的就是曾巩。"

在答赠时人的诗歌中，欧阳修对这位新结识的晚辈赞不绝口。他同时也看到了曾巩文章中的不足之处，并加以悉心指点，认真教导。曾巩如沐春风，文章写作从此步入了一个新的阶段，欧阳修对此也深感欣慰。

欧阳修为发现这样一位江西人才而感到自豪,并且将曾巩天才自放的才情比喻为遍地泛滥的黄河水,而自己成功的指导就如大禹治水一样,利用疏通河床的办法,引导河水入海。话语间不乏自豪之情。

曾巩第二年在京城应礼部的考试,再次落榜,欧阳修为他感到惋惜和不平,并为自己无力提拔而愧疚。在曾巩南归家乡时,欧阳修特地写了一篇《送曾巩秀才序》,斥责主考官拘于成法,不敢录取有用人才,批判科举取士的不合理之处。

这一番感慨喟叹,种下了欧阳修日后任知贡举时,力排众议,决心革除积弊,澄清科场风气的改革种子。

岁末,欧阳修应晏殊的邀请,到西园赏雪。晏殊此时已经升为知枢密使,主管全国的军事,他志得意满,广营私宅。这期间,朝廷依旧处于战乱之中,形势紧张严峻,欧阳修在饮宴中想起了国事和边兵,当即作了《晏太尉西园贺雪歌》,末尾几句说:

主人与国共休戚,不惟喜悦将丰登。

须怜铁甲冷彻骨,四十余万屯边兵。

晏殊看出诗中含有讥讽的意味,心中感到不悦,后来对人谈起,说欧阳修有些不识大体。

但从欧阳修的角度来说,尽管面对恩师,身受赐宴,但看到人们把酒言欢,忘却了边防吃紧、战士们正在忍饥受冻,这般苦乐不均、忧喜失调的场景促使他提笔写诗,显示了忧国者的忠诚与正直。从此以后,晏殊便对欧阳修有了成见。

在几年的贬谪生活中,欧阳修对社会底层的情况有了一些了解。由于赋税严苛和大地主兼并挥霍的加剧,农民越来越贫困。即使在丰收的年景,也往往十室九空。

庆历二年(1042年)四月,欧阳修被任命为权同知太常礼院。五月,宋仁宗下令三馆臣僚上书讨论朝政,并随时听候召见,回答有关政事和经义等方面的问题。这位三十出头的帝王,意识到想要救亡图存,就必须改革朝政,此时只有开放言路,才是扶危济困的良药。随后,欧阳修迅速上奏《准诏言事上书》,系统地阐述了朝政改革的思想,指出当今国势岌岌可危,改革势在必行。

根据自己的政治理想,欧阳修揭示了宋王朝"三弊五事"。所谓"三弊",指的是不慎号令、不明赏罚、不责功实;所谓"五事",指的是兵、将、财用、御戎之策、可任之臣。

"三弊五事"全都击中了当时腐朽政治的要害。这篇上书与后来范仲淹呈奏的《答手诏条陈十事》精神实质一致,共同奠定了第二年"庆历新政"的基本内容。

接着,欧阳修又上奏《本论》三篇,论述了治理国家的根本大计,针对宋王朝百年积弊,提出了补偏救弊的具体措施。上篇侧重于政治上,分析了宋王朝政治、经济、军事、教育等方面的种种弊端,指出国家想要谋求大治,当务之急有五件事情:"均财而节兵,立法以制之,任贤以守法,尊名以厉贤。""均财""节兵""立法""任贤""尊名"五者相互作用。欧阳修还认为儒家传统思想是国家救弊治本的重要方针。

《本论》的中篇和下篇,着重在思想上反对佛教,弘扬儒学,维护封建正统的思想统治。欧阳修继承并发展了韩愈的辟佛主张,捍卫儒家正统学说。

推动"庆历新政"

庆历三年至四年（1043—1044年），是庆历新政酝酿和发动的年份，是保守派与革新派反复较量、政局动荡不安的年份，也是欧阳修的生命绽放出最夺目光彩的峥嵘岁月。

庆历二年（1042年），宋朝刚刚缓解了契丹陈兵幽蓟的严峻局面，西北边境的战火又燃烧起来。迫于民困财竭、内忧外患的危急形势，宋仁宗感到危机四伏，他一面降诏，允许百官封章言事；一面任命欧阳修知谏院，与蔡襄、余靖和王素等做谏官。

四月初，欧阳修上奏《论按察官吏札子》。当时，朝廷缺乏考察官吏的具体措施，导致年老多病、懦弱无能、贪婪残暴的官吏遍布各个州县，朝廷也无法罢黜；全国十之八九的州县治理混乱，老百姓苦不堪言。欧阳修认为，要想解救民生的疾苦，首要的就是选出好的官吏。他请求建立按察法，选择精明廉洁的官员出任各路按察使，专门考察地方官吏的政绩。后来，欧阳修又写有《论按察官吏第二状》《再论按察官吏状》，这才引起了宋仁宗的高度重视。

庆历三年（1043年）年初，中书省、枢密院官员聚在一起商议了好几天，他们打破常规，不拘资历，遴选各路按察使。选中的人大多精明能干，却长期怀才不遇，这次忽然蒙受擢拔，他们竭力秉公执法，奋力报效朝廷。各地贪官污吏闻风丧胆，老病昏庸的纷纷自请退职，州县吏治一时有所澄清。

之后，朝廷又进行了一系列人事变动，改革派明显占上风，昭示着宋仁宗推陈出新的愿望、奋然求治的决心，也鼓舞了朝野上下一大批关心政治、富有热情的士大夫。

正在国子监担任直讲的石介，更是抑制不住内心的激动，他说："这是千载难逢的盛事啊！我的职责就是歌颂圣明，怎么可以不赋诗呢？"于是，他便仿效韩愈的《元和圣德颂》，写下一首长达一百九十四句的四言古诗《庆历圣德颂》。诗中热情地讴歌了范仲淹、富弼、杜衍、韩琦、欧阳修、余靖、王素、蔡襄等辅佐圣君的贤良。他借宋仁宗之口，将

范仲淹、富弼比拟为"一夔一契",又称赞欧阳修等人"立朝谠谠""刚守粹悫",并直接指斥夏竦,措辞十分激烈,斥责其为朝廷的"大奸"。

八月,宋仁宗大开天章阁,召范仲淹、富弼等大臣分条列举拯救危局的策略。范仲淹随即写了著名的《条陈十事》,其中包括严格官吏升降制度、限制官僚子弟做官特权、加强对地方长官的选拔、调整过分不均的官吏职田、注意发展农业生产、改善军备、减轻徭役、树立朝廷的威望等。

在此前后,富弼也向皇帝提出了当世之务十余条及《安边十三策》,内容大体以进贤退不肖、止侥幸、除积弊为本。

韩琦则提出《论备御七事奏》,认为当务之急应清政本、念边计、擢才贤、备河北、固河东、收民心、营洛邑等;之后,又陈述了纠正弊端的八条建议,即选将帅、明按察、丰财利、遏侥幸、进能吏、退不才、谨入官、去冗食等。这些其实都是对范仲淹十大新政主张的补充和完善。

欧阳修这时已经升为知制诰。他上奏《论军中选将札子》,提出了练兵选将的具体办法,即先在军营挑选年轻的士兵,不受军阶等级的局限,按军事技能每百人编成一队,经过教习和较量,百里挑一,选出技术最精、胆量最大的,提拔为队将。这样选拔出来的人才是可以使他人信服的。然后,用同样的办法,组织十员队将,进行教习和较量,十里挑一,选为裨将。这名优胜者足以使千人信服。最后,集中训练十员裨将,从中选出一名最有见识、懂谋略、善变通的,用为大将。这个大将的技艺和勇气,便是万里挑一的,又懂得变通,只要配备一些智谋之士加以辅佐,就可以统领千军万马。至于那些略逊一筹的将才,可以选用在其他地方。

几个月之后,欧阳修见范仲淹和富弼提出《条陈十事》已经有些日子,但仍然不见朝廷的动静,他有点儿焦急,就上奏《论乞主张范仲淹、富弼等行事札子》,敦促宋仁宗信任范仲淹、富弼,迅速推行新政措施。

欧阳修指出范仲淹等人要改革百年积弊,必然会招致怨怒,皇帝应该竭力拒绝谗言,锐志革新。改革朝政,是民心所向、众望所归,天下老百姓都在翘首以待。

在欧阳修等人的催促下,几天之后,范仲淹十大改革主张中的"择官长"首先得到了实施。张昷之、王素、沈邈分别被任命为河北、淮南、京东转运按察使。这些精明能干的官员被分派到各地考察,他们秉公持正、不徇私情,罢黜了一批贪赃枉法、老朽无能的官吏,引起了朝野震动。

十月底,在范仲淹的提议下,宋仁宗命令中书省、枢密院修订磨勘法。所谓"磨勘",是宋代官吏考核迁转制度,以前对官吏劳绩过失的考核,往往流于形式,有名无实,而结果是文官三年一升,武将五年一迁。这种依年资晋官的办法,使那些得过且过、尸位素餐的人照例升官进秩;而兴利除弊的人,往往被看成"生事",稍有差错便被陷害,反倒得不到正常晋升。新定磨勘法,对旧制度中只重年资、不问功过的弊端有所纠正。

庆历四年(1044年),朝廷赈救陕西饥民的事还没有办完,江淮以南地区又遇上大旱,严重的有井水枯竭、牛畜瘟死、鸡犬不存的情况,但朝廷却一直没有恤民济困的举措。欧阳修上《论救赈江淮饥民札子》,指出江淮庶民的疾苦是由于多种原因造成的,朝廷要加快赈济,以安抚百姓疲怨之心,消除盗贼无穷的祸患。

身受皇帝倚重、肩担谏院和知制诰双职的欧阳修,上朝言事,下朝草制,意气风发,潜心钻研。他不管上面是否采纳他的建议,总是不断地、不倦地把观察、思考所得撰成谏章,积极呈献给朝廷。综观他的谏章,没有一篇不是关乎国计民生,也没有一篇是旨意不明确的。为天子分忧,为万民请命,被他当成义不容辞的使命。他分析问题总能看到其根源,眼光犀利如刀。

欧阳修的奏议,绝不止于提出问题,指陈弊害,把矛盾交上去完事;他也在考虑救治的方法,在关系复杂、利害最难处置的情况下也会寻求万全之策。

庆历新政的核心内容是整顿吏治,选贤任能。就制度层面而言,则是要限制、修正朝廷恩养士大夫的祖制。例如,裁汰不称职的官员,削薪减俸,限制恩荫指标,裁减科考录取的名额,等等。

改革要触动的是整个"士大夫"官僚层,这是北宋统治的社会基础,其阻力之大,可想而知。然而,此时的宋仁宗慷慨激昂,励精图治,迫切希望能够解除内忧外患,实现国

家长治久安。他特别信任范仲淹等改革派大臣,这些建议除了个别的,如韩琦"修武备"一项,辅臣认为不妥当而没有采纳之外,其余的都有推行。

从庆历三年(1043年)十月开始,宋仁宗陆续以诏令形式将改革措施统一颁行全国,付诸实施。北宋历史上著名的"庆历新政",由此正式拉开了序幕!

庆历四年(1044年),欧阳修被任命为河北都转运按察使。在巡查的路上,欧阳修一行人等在内黄县(今河南内黄)遇到了担任宣抚使、在外督办军队事务的富弼。一见面,欧阳修就发现富弼眉头紧锁,面有忧色。便问道:"富大人,您怎么了?有什么为难的事情吗?"

富弼张了张嘴,见左右有不少随从和下属,欲言又止。临分别的时候,富弼悄悄拉了拉欧阳修的袖子,用极低的声音对他说:"晚上到我营帐里来。"

欧阳修当即会意,知道富弼是有特别要紧的机密事情同他商量。

晚间,欧阳修穿着便装赶到富弼办公的营帐。富弼叫闲杂人等都退下了,让心腹把守在帐外,这才皱着眉头向欧阳修说出了事情的原委。

原来,让富弼忧心不已的,是驻扎在河北各州郡中的两千多名降兵,这些人都是一次兵变事件中的幸存者。

不久前,一支驻扎在保州(今河北保定)的军队发生了哗变,关闭了保州城门,据守不出。朝廷派了田况、李兆亮等人前去讨伐镇压。之后,经过利诱劝降,保州叛军打开城门受降。田况等人进城之后立即监押叛军,将其中领头反叛的两千多人全部斩杀,然后将剩下的两千多名从犯混编到河北等州郡的正规军队中。

其实,这样宽严相济的处理本没有什么,但当时做宣抚使、督导军务的富弼却隐隐有些担忧。富弼心思十分缜密,他觉得这些叛兵散入各州郡,说不定哪天就会再生事端,挑起更大的乱子。为保万全,富弼便对他们动了杀念。

"其实,我已经同河北各州郡的其他守将们秘密商议过了,准备在同一天将这些残余的叛兵全部诛杀,以绝后患。你看,我已经就此事写好了一份详细的计划书,准备上报给朝廷。"富弼说完,递给欧阳修几张字笺。

欧阳修读完手中的字笺,看了看面前这位经验老到的

同僚,缓缓地说道:"富大人,什么祸患都没有'杀降'大。李广没有得到封侯,虽然不纯粹是因为杀降卒,但'祸莫大于杀已降'的话还是有道理的。处置那些保州叛兵的时候,朝廷已经降下了免死罪的榜文,正因为朝廷饶恕他们不死,他们才没有顽抗到底,而是开城受降。"

富弼不以为然,反驳道:"这些降兵反复无常,难保哪天不会在军营里兴风作浪。到时候再加以制压,就比登天还难啊!"

欧阳修摇了摇头,说:"当初被处死的那两千多人里,冤死的人已经多得数不过来了。幸存下来的这两千多人都是胁从,罪不至死。朝廷既然已经饶过他们,如今你突然无故杀了他们,如何说得过去呢?"

富弼听完,站了起来,说:"你不要再说了,我心意已决,不会再改变主意了。"

见说不动富弼,欧阳修面色也有些变了。他把气往下压了压,耐心地说道:"富大人,如今朝廷并没有下达任何旨意,你只能便宜行事。如果同你秘密商议的这些州郡里有不明事理的人,认为你擅自诛杀降兵,不肯听你的命令,有的州郡杀了降兵,有的地方却没有杀,必然会节外生枝啊!这么一来,你想要防患于未然的初衷不就落空了吗?况且,我奉朝廷之命来河北主持大局,我是断然不会让你这么做的。"

几句话戳中了富弼的要害,富弼对朝廷忠心不二,他想杀降,目的只为保国家州府安宁;而杀降兵一事,参与者众多,难保不会提前走漏风声或者临时生变,那样一来,无事反而变有事了。

富弼向欧阳修投来真挚的目光,认真地说道:"好吧,就听你的,此事先搁置下来,我会通知各州郡守将先不要擅自行动。"

听到富弼这么说,欧阳修这才长出了一口气。他拍了拍富弼的肩膀,示意他相信自己做出的这个决定。最终他真的救下了这两千多条人命。

庆历五年(1045年)三月,欧阳修因为被诬陷的"张甥案"而贬往滁州(今安徽滁州)做知州事。

寄情滁州山水间

庆历五年(1045年),欧阳修从河北返回汴京,再带上家眷到滁州去上任。这是欧阳修第二次被贬谪。他渡过黄河,经过汴水,再度流徙。河滨南飞的鸿雁,又像九年前同他做伴一样,在深秋的霜晨里长鸣而去,欧阳修作了一首《自河北贬滁州初入汴河闻雁》诗:

阳城淀里新来雁,趁伴南飞逐越船。
野岸柳黄霜正白,五更惊破客愁眠。

每到一个地方任职,欧阳修都会秉承"以仁临民"的家教传统,牢记父亲执法时以救民于死为职志的宽厚胸怀。欧阳修施行宽简的政策,讲求实效、实惠,希望老百姓能够快乐生活。

五十多年前,一位关注现实的诗人——王禹偁——曾任滁州知州,百姓为纪念他建了祠堂,这也是欧阳修一心向往想要拜谒的地方。

王禹偁,字元之,历官左司谏、知制诰、翰林学士,忧心国事,刚直敢谏,三次受到贬黜,曾作《三黜赋》以明心迹。他认为政治成败,在于民心,在于官员是否能恤民济困,因而深得人望。他逝世后,滁州百姓怀念这位仁政爱民的先贤,在琅琊山修建祠庙,供奉画像,长年祭祀。

如今,欧阳修也来到了滁州,面对王禹偁的画像,他感触万千,写了《书王元之画像侧》,寄托自己的价值观和人生理想:

> 偶然来继前贤迹,信矣皆如昔日言。
>
> 诸县丰登少公事,一家饱暖荷君恩。
>
> 想公风采常如在,顾我文章不足论。
>
> 名姓已光青史上,壁间容貌任尘昏。

欧阳修在滁州遇到的现实情况,和王禹偁当年在《今冬》诗中所写的基本一样,"况是丰年公事少,为郎为郡似

闲人"。而相隔五十多年后，欧阳修选择的施政之方也与王禹偁一样：实施宽简政策，与民休息，无为而治。

此后，欧阳修每逢旬日休假都出游郊外，有时访古，有时探幽，有时临水观鱼，有时静坐听鸟。渐渐地，欧阳修对滁州的环境熟悉起来。

滁州南部有座丰山，一面是高峰，三面是竹林。山前竹林中，隐隐流出一股清泉，名叫紫薇泉。夏初时节，欧阳修踏着小径，找到了丰山紫薇泉的源头。

之后，欧阳修在山间疏泉建亭，供滁州百姓和路过的行人休闲之用。他还亲自带人在亭子边种上四时的花木。好奇的滁州百姓纷纷前往观看，发现亭子的选址奇佳，仰头可以观赏丰山高峻，俯身可以倾听泉流叮咚，站在亭中使人忘忧。

每次走进丰山下的这座新亭，与滁州的百姓围坐在一起，年近不惑的欧阳修内心深处都会涌起一种满足和幸福感。

欧阳修觉得，生逢太平盛世，不受战乱刀兵之苦，能在这样淳朴美丽的地方生活，用一年辛勤的劳作换取好的收成,这样的人生还有什么不知足的呢?

想到这里,欧阳修便取"民乐其岁物之丰成",将此亭命名为"丰乐亭",并撰写了《丰乐亭记》。

丰山偏西,还有一座景致优美的琅琊山。欧阳修常常带着酒去那里游玩,每次都流连忘返。山间的清风拂去他身上的尘垢,溪泉的流水洗涤了他心中的烦恼,山林的逸趣唤醒了他无拘无束的本性,大自然的神韵燃起他奔腾洋溢的激情。

欧阳修常常唱着山歌,和当地的老人一起漫步,或在山泉的轻响中与宾客们下棋。他用九射格游戏代替酒令为朋友们助兴,自己也陶醉在美酒和山光水色之中,忘记了自己遭受诽谤而被贬谪的羞辱,忘记了自己还是一州之长,甚至忘记了年近不惑,自称为"醉翁",索性连亭子也叫"醉翁亭"!

在欧阳修一次酒醒之后,他一口气将山间朝暮、四时景色,以及滁州百姓与自己的游乐,挥笔成文,并请人刻于石上,这就是著名的《醉翁亭记》。

《醉翁亭记》所反映的是欧阳修在滁州生活的一个侧

面。这个侧面不同于朝堂上的角逐,也不同于西京幕府里的宴饮,而是暂时摆脱了世俗纷扰的一种恬静之美,是欧阳修用他"与民同乐"的理想彩笔描绘出的一幅写生图画。

欧阳修的笔触或许有些夸张,但那种和谐美好的气氛、如诗如画的情调,给人以轻松欢乐的享受。而他自己那受伤的心灵,也由此得到了慰藉。

如果说韩愈的文章像澎湃的浪涛、滚滚的潮头,那么欧阳修的散文便是潋滟的秋波、澄澈的春水,委婉清浅,越发衬托出他雍容的气度。

据说,宋代有人买到《醉翁亭记》的手稿,发现原稿开头一段叙述滁州四面环山,多达数十字,几经修改,最后仅留下"环滁皆山也"五个字。

从句法上讲,全文骈散结合,长短错落。虚词的运用十分巧妙,连用二十一个"也"字句,其间夹杂着二十四个"而"字,工整中见参差,酣畅间有婉曲,形成一种回环往复的韵律美。自问世以来,它被称为"欧阳绝作",又被誉为"六一风神"的代表作。

《醉翁亭记》在当时已经广为流传,一位任太常博士的音乐家沈遵,甚至被它吸引到滁州来,将自己的观光和体验谱成琴曲,创作了《醉翁吟三叠》,又称《醉翁操》,节奏跌宕起伏,通晓古琴的人都认为这首曲子绝妙无比。十年之后,欧阳修在奉诏出使契丹的途中,与沈遵再次相见,深夜畅饮之后,沈遵再次为他弹奏。后来,欧阳修与梅尧臣在一起时,为该曲填了词,还写下《赠沈博士歌》。欧阳修和沈遵死后,庐山一位道教乐师崔闲,又请大文豪苏轼重填新词,到处传唱。时至今日,欧阳修、苏轼所填的词依然存在,可惜沈遵的曲子却早已失传了。

欧阳修在滁州时,也经常有一些人慕名而来,向他请教古文。他对那些真正有才志的后生,总是乐于为他们传扬,使他们"成就美名"。在这些后学中,除了章生、王向、孙秀才、徐无党和徐无逸兄弟外,还有曾巩。

八月中旬,曾巩侍奉父亲进京,途中经过金陵。他们从宣化镇渡过长江,取道滁州北上,顺便拜谒了欧阳修。中秋节那天,曾巩应欧阳修的请求,撰写了《醒心亭记》。

醒心亭,位于丰乐亭东面的山头上,是欧阳修当年春天营建的亭子,命名取的是韩愈《北湖》诗"应留醒心处,

准拟醉时来"的句意。

曾巩深知欧阳修自号为"醉翁",实际上不"醉"也不是"翁",即使有醉,也是人醉而心醒。他欣然命笔,撰写亭记,阐释了欧阳修沉醉于山水之乐的真谛。

曾巩十八岁那年赴京赶考,结识了来京师游玩的王安石。两人在京城客栈邂逅,一见如故,成了莫逆之交。"庆历新政"期间,曾巩曾经将王安石的文章推荐给欧阳修看。这次来滁州,他又将王安石的作品当面呈送给了欧阳修。

欧阳修读后十分欣赏,准备将王安石的作品选入正在编辑的《文林》中。但是,他也发现王安石的思路不够开阔,作文有些机械地模仿孟子、韩愈,而且还存在自造生僻词语的毛病。欧阳修表示很想见王安石一面,帮助他开阔思路,克服缺点。曾巩后来将欧阳修的意见转告给王安石,王安石也完全接受了这些宝贵意见。

欧阳修被贬往滁州时,梅尧臣曾经寄给他一首长诗,诗中说:

……

仲尼著《春秋》,贬骨常苦笞。

后世各有史，善恶亦不遗。

……

梅尧臣这时年近五十，诗名虽然越来越高，生活却仍然穷困不堪。

梅尧臣对于自己的诗稿，往往不大收拾，其中一部分作品，还是内兄夫人代他整理成十卷，并请欧阳修阐述了他关于诗歌的"穷而后工"的重要理论：

> 予闻世谓诗人少达而多穷，夫岂然哉？盖世所传诗者，多出于古穷人之辞也。凡士之蕴其所有而不得施于世者，多喜自放于山巅水涯之外，见虫鱼草木风云鸟兽之状类，往往探其奇怪，内有忧思感愤之郁积，其兴于怨刺，以道羁臣寡妇之所叹，而写人情之难言。盖愈穷则愈工。然则非诗之能穷人，殆穷者而后工也……

这是欧阳修认识上的又一大进步。穷困的生活和苦难的遭遇，不仅是许多诗人共同的命运，而且更重要的是他们诗歌创作的主要源泉。

欧阳修指出,并不是作诗能让人贫苦,而是艰难的境遇使诗人的抱负不能够得到施展,于是,便不得不将内心蕴藏的情感,设法用最准确和巧妙的语言表达出来。

欧阳修的这种认识是继白居易之后,对现实主义诗歌理论的重要贡献,它对当时和后世的诗歌创作产生了很大的影响。

可以这样说,欧阳修"穷而后工"的理论,其实并不仅仅是他从梅尧臣的经历中总结出来的,这中间显然也包含着他自己的创作实践心得。欧阳修倡导诗文革新运动获得成功的主观因素,是他在长期逆境中逐渐锻炼而成的。

欧阳修这一时期的诗歌,如《题滁州醉翁亭》《谢判官幽谷种花》《答吕公著见赠》《游琅琊山》《班春亭》等,大都具有新的特色。它们一方面吸收韩愈以文为诗的特点,将诗歌散文化、议论化;另一方面又在保持韩诗雄伟气魄的同时,避免了韩愈用语险怪的缺点,变成了平易晓畅、洒脱清新的风格。

欧阳修在滁州任太守时,兴修水利,建设城市排水系统,在城外开辟练兵场训练民兵,维修损毁严重的滁州城墙,并上表朝廷请求减轻赋税、整顿不良官吏,深受滁州百姓的爱戴。

欧阳修平时喜欢去的丰乐亭、醉翁亭,成了滁州百姓最常去的地方。常常有老少乡亲们相约走上几十里山路,只为一睹太守的醉颜。

难能可贵的是,对欧阳修的这种仰慕和爱戴,滁州人保持了将近千年之久。在现代人编写的《滁州市志》里,欧阳修的名字依然牢牢地占据着《人物志》的首位。

欧阳修在滁州的贬谪生活,给滁州的山山水水染上了传奇的色彩,琅琊山、醉翁亭和丰乐亭,都因为欧阳修的诗文和宴游而名扬天下,成为后人神往的名胜。

庆历八年(1048年),欧阳修已在滁州任职三年,按规定应该调移。与敕命相适应,他的官衔由朝散大夫转起居舍人,仍旧为知制诰,迁徙到扬州。

扬州知州

庆历八年(1048年)正月,欧阳修从滁州移扬州做知州事。扬州属于淮南东路,是唐宋以来的江淮名镇,大运河纵贯南北,并与长江在此相交汇。从扬州沿运河北上可以到达京师汴京,顺着长江下行可以直接抵达通州(今江苏南通),逆流而上可以进入蜀地。它又是当时淮南路大都督府的所在地,滁州只是它辖境中的一个州郡,二者之间的繁华富庶程度,简直不可同日而语。

欧阳修来到扬州后,继续韩琦当年已经破土的工程,完成了无双亭、美泉亭、平山堂等名胜的建筑。

扬州本来就是一个多事之地,欧阳修上任之后,不追求个人的声誉向上邀功请赏,不好大喜功追求个人政绩,他以顺应民心为本,以镇静为要,在无为中求有为。到任不久,州事十去五六,吏治有条不紊,百姓安而不扰。喧噪的衙署变得有如寺院一样清静安谧,而他则得到民众衷心的敬爱。

闲暇之时,欧阳修就到竹西亭、昆丘台、蒙谷寺等处游览,观赏无双亭上那天下无双的琼花,写下了《答许发运见寄》:

琼花芍药世无伦,偶不题诗便怨人。
曾向无双亭下醉,自知不负广陵春。

在大明寺的旁边,欧阳修拆除了废弃的屋子,兴建了平山堂。这新堂临着邗江,左右竹林相间,江左诸峰都好像拱列檐下。

到了夏天,欧阳修携带客人来到平山堂纳凉,一起欣赏荷花,到傍晚才回去。他还亲自在平山堂前种植柳树,被后人誉为"欧公柳"。之后他怀想起来,写了一首《朝中措》,赠送给了朋友刘原父:

平山栏槛倚晴空,山色有无中,手种堂前垂柳,别来几度春风?
文章太守,挥毫万字,一饮千钟。行乐直须年少,

尊前看取衰翁。

有人以为平山堂隔江就是山,欧阳修不应该说"山色有无中",甚至讥讽他"近视"。其实,"山色有无中"是借用王维的诗句"江流天地外,山色有无中",不但自然贴切,而且更有无限的妙趣。

六月初,新授国子监博士的梅尧臣来到扬州。他是应陈州知州晏殊的征召,前往陈州出任镇安军节度使判官。赴任途中,梅尧臣领着新娶的刁氏夫人回宣城故里拜见父母,途中经过扬州。自庆历五年(1045年)春夏间在汴京分别之后,欧阳修、梅尧臣两位好友已经整整三年没有见面了,欧阳修当即吩咐部下备船,连夜沿水路前往迎接。

三年宦海漂泊,彼此的容颜都已经变苍老,突然相见,真有惺惺相惜之感。这天晚上,江风消暑,气候宜人,欧阳修在进道堂设宴款待了这位老朋友,两人饮酒谈心,通宵达旦。梅尧臣作有《永叔进道堂夜话》诗,详细记载了当时的场景:

海风驱云来,池雨打荷急。

虚堂开西窗,晚坐凉气入。

与公话平生,事不一毫及。

初探易之奥,大衍遗五十。

乾坤露根源,君臣排角立。

言史书星瑞,乱止由不戢。

巨恶参大美,微显岂相袭!

陈疏见公忠,曾无与朋执。

文章包元气,天地得嘘吸。

明吞日月光,峭古崖壁涩。

渊论发贤圣,暗溜闻鬼泣。

夜阑索酒卮,快意频举挹。

未竟天已白,左右如启蛰。

他们两人促膝而谈,话题由经学、史学转入政治、文学,美酒助兴,谈笑风生,不知不觉东方已经破晓。第二天清早,梅尧臣继续踏上回归宣城的行程,两人再三约定,等待梅尧臣省亲回来,一定要在扬州多住几天。

十二月,苏舜钦在苏州病逝,年四十一岁。他于庆历五年(1045年)定居苏州之时,廉价买到了一所旧池馆,临水筑亭,取名沧浪亭。其《沧浪亭记》描述了自己在逆境中安适自得的心境,文中写道:

……予时榜小舟,幅巾以往,至则洒然忘其归。觞而浩歌,踞而仰啸,野老不至,鱼鸟共乐。形骸既适则神不烦,观听无邪则道以明。返思向之汩汩荣辱之场,日与锱铢利害相磨戛,隔此真趣,不亦鄙哉!

……

挥洒的文笔、旷达的情怀,与欧阳修《醉翁亭记》等滁州作品不谋而合。四年来,他们远隔山水,未曾谋面,却同样在生活的磨难中经历了自我精神的救赎,实现了人格境界的升华。

庆历八年(1048年),苏舜钦受朝廷恩赏,恢复了官职,被授予湖州长史,并有希望在将来返回朝廷受到重用。谁也没有想到,他还没有来得及前往湖州(今浙江湖州)上任,就在苏州驾鹤西去。

噩耗传来,欧阳修震惊又感愤,他在《祭苏子美文》中发出了沉痛的慨叹:

哀哀子美,命止斯邪? 小人之幸,君子之嗟!……

四年后,欧阳修在苏舜钦岳父杜衍的家里,读到了苏舜钦全部的诗文遗稿,于是集录、整理成文集十卷,并撰写了《苏氏文集序》。

欧阳修对友情十分忠诚,尤其是对像苏舜钦这样志同道合、患难与共的朋友。他为苏舜钦撰写的祭文、文集序和碑志,叙述手足之情,抒发离合之感,往往声泪俱下,感人肺腑,这些都是欧阳修诗文中的上乘之作。

欧阳修在扬州只待了十一个月,就得到吏民的普遍尊敬与衷心爱戴。扬州市井的百姓,也和滁州山野的黎民一样,在他离去后,深深地怀念他,为他立生祠祭祀;原因都在于他治事以简、恤民以宽。

欧阳修尽量简化烦琐而苛酷的政务,减轻老百姓的负

担,安民而不扰民,这对处于封建统治下的人民,简直如同久旱甘霖一般宝贵。

在扬州,欧阳修施行宽简之政,不但在实践中更加熟练,而且在理论认识上更趋深刻和成熟。对于这些实践和理论,欧阳修之子欧阳发后来在《先公事迹》中有明晰的记述。

在文中,欧阳修对宽简政治作了理论阐述,分寸掌握得很好,很有辩证性。所谓"宽",主要是反对苛酷,反对诛求,防止扰民,而不是无原则地放任自流;放任则影响政令的推行,损害政治的威信。所谓"简",主要是制止繁苛的政令,反对形式化的繁文缛节和铺排场面。简是删繁而得其要,易行而不遗其大端,不是疏漏忽略,造成政事废弛而百姓受其弊。宽简之政运用于刑狱,能使犯人免死的尽量免死。

欧阳修仁厚慈恕,是受父亲的德性熏陶、行为感召的结果。朱熹曾经查考欧阳修这些事迹,落实了文章的真实性。他记述欧阳修治理几个大州,"不见治迹,不求声誉,以宽简不扰为意,故所至民便,既去民思"。

朱熹还转引欧阳修的话说：治政有如治病，富医讲排场，摆架子，但开出的药方不见效；贫医举止俗气，不善言辞，但服了他开的药病就好了。二者谁是良医，不言而喻。欧阳修治政的原则就是讲求实惠和实效。只要"百姓称便即是良吏"，以百姓的评价为标准，表现了他的民本思想。

欧阳修在扬州的政绩和治绩，史传上没有具体记载。但他在维扬山水间的文化建树和交游活动，却继踵前贤，如李白、杜甫、白居易、刘禹锡、杜牧、鉴真法师等人一样，留下了一道亮丽的风景。前贤传留下脍炙人口的诗文，而欧阳修除诗文之外，还建好了平山堂、大明井、无双亭等，成为不朽的名胜。

欧阳修传

移调颍州

欧阳修到扬州不久就得了眼病,后来很久也没有治愈,最终成了宿疾。他刚刚四十三岁,鬓发和胡子都已花白,眼睛也看不清楚。再加上母亲年龄越来越大,身体也越来越虚弱,整日疾病缠身,欧阳修便向朝廷请旨,希望移调小郡颍州(今安徽阜阳市颍州区)做知州事。

皇祐元年(1049年)二月,欧阳修赶赴颍州,家属也随同他一起起程。船行运河,然后逆淮河而上。在涡口城,他遇到了辞去陈州判官回宣城奔父丧的梅尧臣。

他们两人在江边的小楼上短暂相聚,酒酣话旧,回顾十九年前在洛阳诗酒相交。斗转星移,人事沧桑,当年洛阳旧友张汝士、张先、谢绛、尹源、杨子聪、尹洙等人相继作古,只有座上两人尚且健在。感伤嗟叹之余,欧阳修写了《夜行船》这首词:

忆昔西都欢纵,自别后,有谁能共?伊川山水洛川花,细寻思,旧游如梦。

今日相逢情愈重,愁闻唱,画楼钟动。白发天涯逢此景,倒金尊,殢谁相送?

欧阳修追忆往事,满怀感慨。挚友难得相逢,相聚苦短,因此十分害怕听到报时的钟声。但是,钟声终究会响起,才相逢,又告别,此景此情,令人黯然神伤。

二月下旬,欧阳修一家抵达颍州。颍州,旧称汝阴,在颍水和淮河之间。这里民淳讼简、物产丰美、土厚水甘、气候温和,境内的西湖更是风景如画,甚至可以与杭州的西湖相媲美。

在到达颍州的第二天,欧阳修就来到西湖之滨,一边种瑞莲和黄杨,一边想好一首诗《初至颍州西湖种瑞莲黄杨,寄淮南转运吕度支、发运许主客》,准备寄给友人:

平湖十顷碧琉璃,四面清阴乍合时。

柳絮已将春去远,海棠应恨我来迟。

啼禽似与游人语，明月闲撑野艇随。

每到最佳堪乐处，却思君共把芳卮。

一天中午，欧阳修与朋友悠游山水回来，已经错过了用饭时间。于是，他带着朋友来到一家挂有"杏花村"酒旗的普通酒馆里。

春风和煦，酒旗飘动，"杏花村"三个字特别醒目，但酒馆生意却很清淡，只有三五个赶集的农民就着炒花生喝酒闲聊。

欧阳修没有一点官架子，他平时经常深入百姓，了解民生疾苦，所以很多人都认识这位慈眉善目的父母官。今天店主人看到大人光临，受宠若惊，赶紧把他们请进了僻静的房间，斟了两杯酒，恭请点菜。

欧阳修点了菜后便虚掩房门，与朋友频频举杯。让店主人纳闷的是，上菜后没多久客人就唤店主结账。

店主人问："欧阳大人，敝店酒菜味道如何？"

欧阳修沉吟道："酒还不错，不过菜呢……"

欧阳修从店主人手上要过纸笔，题了一首打油诗：

大雨哗哗飘过墙,诸葛无计找张良。

关公跑了赤兔马,刘备抢刀上战场。

店主人看后,脸涨得通红,为什么呢?原来这四句诗分别说的是"无檐""无算""无缰""无将",这无盐、无大蒜、无姜、无酱油的菜,没滋没味,怎么能让客人满意呢?

春天,有一位夷陵任上的旧交,叫欧世英,前来颍州拜访欧阳修。欧阳修热情地接待了这位故友。对饮话旧的时候,欧阳修赋《圣无忧》一词:

世路风波险,十年一别须臾。人生聚散长如此,相见且欢娱。

好酒能消光景,春风不染髭须。为公一醉花前倒,红袖莫来扶。

欧阳修为故友劝酒,想借豪饮烂醉消解人生的忧愁。实际上,他感叹十年蹉跎,哀伤青春不再,抒写的正是愤慨不平的情绪。

欧世英告辞的时候,欧阳修设宴饯别,并赋诗送行,《秀

才欧世英惠然见访于其还也聊以赠之》诗咏道:

相逢十年旧,暂喜一樽同。

昔日青衫令,今为白发翁。

俟时君子守,求士有司公。

况子之才美,焉能久困穷?

欧阳修以这首诗勉励朋友要守时待命,积极进取,总有一天会摆脱目前的困境,实现自己的宏伟理想。

第二章 从政前期

尽显文人风骨

皇祐二年(1050年)七月,欧阳修被改知应天府(今河南商丘一带),兼南京留守司事。南京,即应天府。相传商朝始祖契曾经居住在这里,周武王灭商以后,分封商纣王的庶兄微子在这个地方,国号"宋",都邑名"商丘"。隋朝初期设置宋州,后唐改称为归德军。宋太祖赵匡胤就起家于后周归德军节度使,商丘因此被视为宋朝立国的发祥地。所以,宋真宗景德三年(1006年),将宋州升为应天府,大中祥符七年(1014年)又升为南京,成为北宋的"四都"之一。随着政治地位的提高,应天府迅速发展成为人口稠密、商业繁华的大都会。

在当年的秋暑中,欧阳修逆颖水而上,经过陈州,到达应天府赴任。路途中欧阳修写信给朋友说:"自从过了界沟,土地低洼瘠薄,桑柘萧条,才越发觉得颖州真是一片乐土,令人想念呵!"此后,他写了十余篇"思颖诗",并约梅尧臣

将来一同退居到颍州。

这次欧阳修被差知应天府,留守南京,官阶正四品,体现了朝廷对欧阳修的信任,宋仁宗将会逐步重新任用他。他对此心怀感激。

这一年,应天府留守司来了一位年轻的推官,叫苏颂,字子容,泉州同安(今福建厦门市同安区)人,在庆历(1041—1048年)年间进士及第。欧阳修十分欣赏苏颂的才干,府中公务、奏章书简大部分都委托他办理,甚至家庭事务也多咨询他的意见。

欧阳修对苏颂说过:"我十分信赖你,所以不管大事小事都托付给你处理,请你不要嫌麻烦。"同时交代幕僚说:"苏子容处事精明慎重,只要是经由他处置的公务,我就不必再过手了。"

在苏颂任满一年后的政绩考察表上,欧阳修亲笔写道:"才可适时,识能虑远。珪璋粹美,是为邦国之珍。文学纯深,当备朝廷之用。"极力推崇苏颂的才华和文章。

皇祐四年(1052年),欧阳修的母亲郑氏病逝。他服丧返回颍州,第二年又扶柩回到吉州归葬。

五月,范仲淹在徐州病逝,享年六十四岁。之前不久,他扶病上路,移知颍州,途中被徐州知州孙沔挽留就医,谁知他一病不起。噩耗传来,欧阳修万分悲痛,当即撰写《祭资政范公文》,倾吐心中满腔的悲愤:

呜呼公乎!学古居今,持方入圆。丘、轲之艰,其道则然。公曰彼恶,谓公好讦;公曰彼善,谓公树朋。公所勇为,谓公躁进;公有退让,谓公近名。谗人之言,其何可听!……

范仲淹奉行古圣先贤的道理,献身于朝政改革的事业之中。欧阳修在文中大力赞颂了范仲淹磊落的言行。同时祭文还写道:

自公云亡,谤不待辨。愈久愈明,由今可见。始屈终伸,公其无恨。

他坚信范仲淹人格玉洁冰清,一切诬谤之词都将不攻自破。

两年后，欧阳修应范仲淹的儿子范纯仁的请求，创作了《资政殿学士户部侍郎文正范公神道碑铭》。关于这篇神道碑铭还有一段曲折的故事：

所谓神道碑，就是立在墓道上的石碑，用来记载死者生前的事迹。之前的神道碑都比较简单，后来碑文对死者生平的记叙变得越来越详细，逐渐成为人物传记的一种变体。

说实话，欧阳修此时真的没有心情写东西，他整个身心都沉浸在母亲去世的悲痛中；而且，范仲淹的神道碑铭并不好写。要对范仲淹的生平事迹做出准确、恰当的评述，不可避免地要提到宋仁宗、吕夷简。宋仁宗自然不必说，不管怎样评价范仲淹，都不能有损皇帝的颜面；吕夷简门人众多，并且很多人都在朝廷身居要职，一旦出言不慎，就会授人以柄，遭到猛烈的攻击。

但是，这篇神道碑铭，欧阳修也不能不写，无论是从友谊还是从道义上来说，欧阳修都是理所当然的执笔人。想到这里，欧阳修终于同意了范纯仁的请求。

这篇碑铭，欧阳修整整创作了两年多。其间，范家人急得不行,接连给欧阳修写了好几封信,催问写作进展。

欧阳修的答复都是一样的:"此文极难作。敌兵尚强,须字字与之对全。"可见欧阳修写得有多艰难。为了让这篇碑铭无懈可击,不让政敌在文章中找到任何漏洞,欧阳修用了很长的时间准备资料,并且在言辞使用上也做了充分的考虑,才缓缓动笔。

初稿完成之后,欧阳修第一个寄给了担任并州知州、河东路经略安抚使的韩琦,请他帮忙修改。

韩琦既是欧阳修的挚友,也是范仲淹生前的好朋友。他是个成熟老练的政治家,对政局和范仲淹的生平都十分了解,更重要的是,他为人严谨,很有头脑和远见。

收到欧阳修的文稿之后,韩琦非常重视,立即着手修改,提出了不少重要的意见。欧阳修收到回信后,又同韩琦进行了书信讨论,可见其认真和审慎的程度。

至和元年(1054年),欧阳修终于完成了《资政殿学士户部侍郎文正范公神道碑铭》。文章洋洋洒洒,有两千多字。寄给范纯仁之后,欧阳修的心终于静了下来,自问对死去的老友范仲淹也算是有了交代。

过了几天,范纯仁又来信了,很客气,但却毫不掩饰对欧阳修的不满。原来,欧阳修所写碑铭中有一句话让范纯仁十分不悦:

> 及吕公复相,公亦再起被用,于是二公欢然相约戮力平贼。

其实,欧阳修这样写并不是没有根据。康定元年(1040年),范仲淹在陕西赴任作战前,吕夷简曾经写信对他给予勉励。刚直大度的范仲淹给吕夷简回信,表达了自己愿意肩负重任、匡扶社稷的决心。范仲淹赴任之后,还与吕夷简继续通信,探讨边防事务、文官武将任用等相关的问题。不管范仲淹、吕夷简二人之前有过什么嫌隙,此后又发生了怎样的不睦,至少在对付西夏这件事上,他们是心往一处想,劲往一处使的。因此,欧阳修说他们是"欢然相约戮力平贼",措辞还是很恰当的。

但是,范纯仁对吕夷简衔恨至深,坚决不接受这一说法。他在给欧阳修的信中,说自己的父亲范仲淹从来没跟吕夷简和解过,还很不客气地要求欧阳修把那句话删掉,并且对这一段落进行适当的修改。

其实,也不能责怪范纯仁对吕夷简如此不谅解。他父亲和吕夷简两人从中年到老年有过多次交锋,可谓恩怨交缠。

吕夷简比范仲淹大十岁。范仲淹刚入仕途的时候,很崇拜吕夷简。两人互有诗文酬唱,关系处得还不错。

明道二年(1033年),范仲淹和吕夷简因政见不合闹得十分不愉快,但两人并没有因此而撕破脸皮,还保持着书信往来。

景祐元年(1034年),范仲淹在苏州当知州的时候,地方发大水,他疏河治水,朝廷中很多人都反对,但吕夷简却十分关注这件事。最后,范仲淹得到了朝廷的支持,与吕夷简的关注和支持不无关系。

庆历三年(1043年),吕夷简病逝的时候,范仲淹深感悲痛,写了一篇情真意切的祭文。范仲淹曾经不无自豪地说,自己"学道三十年,所得者平生无怨恶尔"。这是怎样博大的胸襟与气度啊!

一个"先天下之忧而忧,后天下之乐而乐"的人,心里装的是国家和百姓,又怎么会纠缠于个人的恩怨之中呢?可是长相与性格或许可以遗传,肚量与气魄却不能遗传,作为儿子的范纯仁还沉浸在那段旧日的恩怨里出不来,对于少年时目睹和经历的一切他还是放不下。

对范纯仁这种做法,欧阳修没有过多计较。他认为,这不过是年轻人因见识浅薄而做出的意气之争。欧阳修给范纯仁回信说:"令尊与吕夷简一同相约平贼,尽释前嫌,这是老夫亲眼所见。令尊生前写给我的信里,也提到过此事。当时你们年纪都还小,并不了解情况。何况,哪有父亲说自己生平不恨任何人,而儿子却不放下仇怨,让父亲不安于九泉的道理呢?"

出于对范仲淹的尊重和对子侄辈的关心,欧阳修严肃地批评了范纯仁,并明确表示不能删改"欢然相约戮力平贼"那句话。

从那以后,欧阳修很久都没有收到范纯仁的回信。本以为这件事情就这样结束了,可欧阳修想错了。

有一天,门人来报说范府派人送来了一个包袱。欧阳修打开一看,里面是一摞石碑拓片,逐张看了一遍,发现这正是自己写的《资政殿学士户部侍郎文正范公神道碑铭》,从而得知范家子弟已经把范仲淹的神道碑刻好了。欧阳修特意把范纯仁曾经提出异议的那部分找出来细读了读,发现"欢然相约"那一句不见了。

很显然,范纯仁在未经欧阳修允许的情况下,自己动手对碑铭进行了删改。古代读书人对自己的文章十分重视,既不擅改别人的文章,也不能容忍别人篡改自己的文章。对此,欧阳修非常气愤,捏着拓片的手都有些颤抖了。此后,对于外界给予范仲淹神道碑铭的任何赞誉,欧阳修一概都不接受。他甚至拒绝承认那是自己的文章。

后来,我们只有在欧阳修的《居士集》里,才能读到未经删改的《资政殿学士户部侍郎文正范公神道碑铭》。

没过多久,京师便传来欧阳修岳母金城夫人病重、去世的消息。那年春天,金城夫人患病,欧阳修、薛夫人委派儿辈进京探望,没想到这么快就传来她的噩耗。欧阳修赶紧撰写了《祭金城夫人文》,派遣表弟郑兴宗先行北上,代为临柩祭奠。

第三章 从政后期

直言陈事，力除前弊

至和元年(1054年)四月，欧阳修丁忧期已满，朝廷立即恢复了他原来的官职。五月间，欧阳修冒着烈日酷暑起程前往京师。他抵达汴京时已是六月，宋仁宗见这位十年前的庆历旧臣已经鬓发斑白，不免有些悲伤。

七月中旬，宋仁宗下旨授欧阳修为判流内铨。流内铨是吏部的官署，判流内铨一般都是以御史知杂以上的官员充任，它的职责是掌管文官从初仕到幕职州县官的铨选、差遣和考察等事务，具有一定的实权。

欧阳修上任伊始，就积极上书言事。这些年他目睹了朝廷滥施恩荫，候补官员成倍地增长，而编制有限，补员指标大多被权贵子弟抢占去了，候缺待补的大多是出身贫寒的士子。这些士子留在京师等候补员，常常一住就是好几年，生活穷困潦倒。欧阳修上奏《论权贵子弟冲移选人札子》，请求朝廷限制贵族特权，只有在遇到特殊情况，如镇

守边疆而不许搬家,以及致仕、分司、丁忧、患病等,才准许大臣子弟请求差遣,以保障贫寒士子能够正常补员。宋仁宗同意了欧阳修的奏议,下令三班审官依此办理。

九月的一天,欧阳修被提升为翰林学士,第二天又被任命兼史馆修撰。在欧阳修第一次去翰林院当班时,宋仁宗特地赏赐他一套服装、一条金带、一匹金镀银鞍辔马。不久,他又被差遣管理三班院。

有一天,欧阳修因事单独在内殿谒见宋仁宗。宋仁宗说他打算仿效太祖、太宗,下翰林院,召见翰林学士,向欧阳修询问唐朝有关典章制度。

欧阳修说:"唐朝的翰林学士,以指出他人错误让其改变为职责,并且参与朝廷机密,决定大臣升黜,号称'内相',又被称为'天子私人'。因为翰林学士在皇帝身边供职,所以当时制度规定,翰林学士不允许与大臣们交往。"

退朝以后,欧阳修上奏疏,建议翰林学士不能私自谒见宰执大臣。谁知,朝臣听说以后,一片哗然,认为这太不近情理,宋仁宗也没有依奏。

至和二年(1055年)七月,欧阳修再次上书,重申前朝的典章制度，奏请两制、两省官员，不是公事不能拜见执政，也不得与台谏官私下往来。出于公事需要，只允许在中书省、枢密院禀告。宋仁宗终于认识到这项提议的重要性，当天就颁发了有关诏令，禁止翰林学士私自结交宰执大臣，恢复了前朝的典章制度。

作为一个富有正义感的士大夫，欧阳修在重新返回朝廷以后，尽管饱尝过宦海艰辛，依然保持着抑恶扬善、忠正敢言的作风。

至和二年（1055年）正月二十八日，晏殊在京师病逝，享年六十五岁。同年三月下葬。宋仁宗赐书神道碑首，题写"旧学之碑"四字，并命欧阳修考察晏公一生行迹，撰写了《晏公神道碑铭》。欧阳修同时还撰有《晏元献公挽辞三首》，写道：

富贵优游五十年，始终明哲保身全。
一时闻望朝廷重，余事文章海外传。
旧馆池台闲水石，悲笳风日惨山川。
解官制服门生礼，惭负君恩隔九泉。

挽辞颂扬了晏殊的人格、政事和文学,表达了欧阳修对逝者的沉痛哀悼,以及对恩师知遇的由衷感谢。其中,也表现了师生之间为人处世的差异,晏殊的富贵优游、明哲保身,与欧阳修的处世人格大相径庭。

五月下旬,欧阳修上奏《论雕印文字札子》。因为近年来社会上私自雕版印刷的书籍越来越多,虽然朝廷一再颁令禁止民间私自雕印,但却屡禁不止,愈演愈烈。

在京师的书铺中,欧阳修发现一部二十卷的《宋文》,内容为当今朝廷大臣议论时政的文章,第一篇就是富弼的让官表,其中许多文字涉及了契丹的国事。这些文章不宜流传在外,一旦传入契丹,将会损害国家之间的关系。书中还有一些所谓"范文",如果流播于社会,将会误人子弟。

因此,欧阳修建议:凡是没有经过官府审定,私自雕印、贩卖书籍的,都要严加惩治,要焚毁雕版,查封书铺,并奖励人们检举揭发。宋仁宗批准了欧阳修的奏疏。

六月,辽兴宗耶律宗真病逝,其子耶律洪基登位。欧阳修被任命为贺使,前往契丹。

嘉祐元年(1056年)春天,欧阳修从契丹归来。

第三章 | 从政后期

改革考风、文风

嘉祐元年(1056年)夏末,梅尧臣也由南方回到京师,欧阳修闻讯赶到城东去迎接。梅尧臣感动地写下《高车再过谢永叔内翰》道:

世人重贵不重旧,重旧今见欧阳公。
昨朝喜我都门入,高车临岸进船篷。
俯躬拜我礼愈下,驺徒窃语音微通。
我公声名压朝右,何厚于此瘦老翁?

欧阳修也曾经作诗奉答,表示对梅尧臣的敬重。自从尹洙、范仲淹、石延年、苏舜钦死后,欧阳修越来越珍惜与梅尧臣之间的友谊。为了帮助梅尧臣摆脱窘境,欧阳修荐举他做了国子监直讲。同时,被欧阳修举荐的,还有王安石、包拯、胡瑗、吕公著等人。

王安石从曾巩那里早就听说了欧阳修对他的好意,但他直到至和末年嘉祐初年(1056年),才登门拜访欧阳修。欧阳修对王安石姗姗迟来并不介意,他急忙外出相迎,以至于鞋都穿倒了。此后,欧阳修和王安石之间诗文赠答,书信不绝。欧阳修《赠王介甫》中说道:

> 翰林风月三千首,吏部文章二百年。
> 老去自怜心尚在,后来谁与子争先?
> 朱门歌舞争新态,绿绮尘埃试拂弦。
> 常恨闻名不相识,相逢樽酒盍留连。

欧阳修这时已年近五十。他深深地感受到"平生所怀,有所未毕",就把希望寄托于王安石等人身上。不阿谀权贵的翰林学士欧阳修,对一个当时还默默无闻的晚辈后生竟如此真挚热情,在封建时代是不多见的。

嘉祐二年(1057年),欧阳修知礼部贡举。和他一起负责这次贡举的,还有韩绛、范镇、梅挚、王珪。他们推举梅尧臣为参详官;参详官,又称小试官。

正月初七，欧阳修等人受命后立即进入了贡院，过着与世隔绝的禁闭生活。宋代贡举考试，为了防止考官作弊，自淳化三年（992年）苏易简知贡举以来，就实行"锁院"制度。朝廷任命的权知贡举、权同知贡举等考官名单一经公布之后，考官们就得马上进入贡院锁宿，不可以同外界接触。

考官入院锁宿之后，开始拟定考题、监印试卷、编排考生座位表，选择开考日期。举子考试完毕之后，开始阅卷衡文，称为"较艺"。为了保证评卷的公正性，还实施了一系列复杂的程序，包括"封弥""誊录""初考""复考""定号""奏号"等，只有等到定出成绩等次，公布录取名单以后，才允许考官出院回家。

在这五十天的锁院生活中，欧阳修等人不能与外人交往，也不可以与家人见面，生活沉闷，心境寂寞。他们在工作之余，只得以喝酒吟诗打发多余的时间。六人相与唱和，共得古诗、律诗、歌行体一百七十三篇，后来编纂成《礼部唱和诗》三卷。这是当时的一件盛事。

这时的科场，仍然盛行着四六时文。特别是京师国子

监出身的举子们,普遍追求四六文用语的新奇怪僻,钩章棘句,想要借此在考试中取得胜利。所以人们把四六时文称为"太学体"文。正是由于"太学体"四六文在科举中几乎独占胜场,它对整个文坛风习也起着决定性的影响。

欧阳修和他的前辈、同辈们,已经为反对这种文风做过很多努力,但可惜都收效不大。这次,欧阳修决心以他古文写作方面的威望和选拔人才的权力,大力革除科场的积弊,从而刷新文风。

欧阳修知道京师许多权贵人家和浮薄子弟是"太学体"文的支持者,极力矫正文风的弊端风险很大,但他仍然不顾一切严申考场纪律,提倡应试文字要采用比较实用的散文,并明确规定,本次衡文的标准,极力排斥险怪奇涩、空洞浮华的文章。

当时一个喜欢写作险怪文字的士人,在试卷中空论一番后写道:"天地轧,万物茁,圣人发。"欧阳修在他文后戏批道:"秀才剌,试官刷!"用大朱笔横抹一道,除名不取。

另一位举子的论文《刑赏忠厚之至论》,写得通达畅快,雄浑朴茂,颇有《孟子》的文风。梅尧臣建议提拔为头名,欧阳修怀疑是同乡门生曾巩,为了避免他人说闲话,最终决定调为第二名。后来才知道,这位举子并不是曾巩,而是苏轼。这次,曾巩、苏轼之弟苏辙也同时被录取了。

那些写四六时文的名流们,大多落了榜。他们深怀嫉恨,伺机报复。一天清晨,欧阳修上朝走过大街,这伙人一哄而上,拦住车马,口中咒骂不止,连街司巡卒都没能制止住他们。甚至还有人写祭文送到欧阳修的家中,咒他该死。在这种情况下,苏轼兄弟的日子也不好过。

苏轼,字子瞻,眉州眉山(今四川眉山)人。他考中进士,没有任何旁门,全然靠自己写得一手行云流水般的古文。他后来在欧阳修的指引下,坚持不懈地致力于散文创作,取得了辉煌的成就。

苏辙,字子由,直言敢谏,写的策论尤为恰当。苏轼、苏辙的父亲苏洵,字明允,二十七岁才发愤读书。他两次考试都没有考中,之后便埋头深究六经百家之书。这次带着两个儿子来京,才谒见了欧阳修。

欧阳修称赞苏洵的议论文章与西汉大文学家贾谊、刘向的风格很相似,替他延誉。苏洵后来又写了《荐布衣苏

洵状》，因此而成名。

由于落第举子们不停地闹事，侮辱主考官欧阳修，这一年礼部奏名参加殿试的考生，一律被赐进士及第、进士出身或同进士出身，开启了宋代科举史上殿试无落榜的先例。

值得庆幸的是，通过这一次严厉地打击"太学体"文章，文坛风气发生了很大的变化，一代平易流畅的宋文风格由此形成。从某种意义上来讲，它实现了"庆历新政"提出的科举改革任务。科场风习的改变，推动了文坛风气的更新。

此时，欧阳修、王安石、曾巩、苏洵、苏轼、苏辙——所谓"唐宋古文八大家"的宋六家——已经齐聚于文坛，宋代文学登上了第一个辉煌灿烂的高峰。

从此之后，读书人纷纷寻找汉、唐古文诵读，韩愈的文集又重新绽放光彩。欧阳修取出珍藏的旧本韩集，想起它的命运，在书后面写道：

……韩氏之文，没而不见者二百年，而后大施于今。此又非特好恶之所上下,盖其久而愈明,不可磨灭,虽蔽于暂而终耀于无穷者,其道当然也。

予之始得于韩也,当其沉没弃废之时。予固知其不足以追时好而取势利之用哉?亦志乎久而已矣!故予之仕,于进不为喜、退不为惧者,盖其志先定而所学者宜然也。

从唐穆宗长庆四年(824年)韩愈逝世,到宋仁宗天圣年间韩愈的文章遭人冷落,差不多有二百年。欧阳修开始学习韩愈文章而在科举中两度落第,早已是天圣初年的事了;直到嘉祐二年(1057年),欧阳修已经由一个十七岁的少年变成了五十多岁的老人。

从伊洛之滨到颖水河畔,从黄牛峡口到琅琊山麓,欧阳修始终把韩愈的文章作为他学习的楷模,时时研习。只有不同流于世俗的爱好,不追名逐利,不急于求得名誉的崇高志趣,才能在宦海浮沉中"进不为喜、退不为惧",才能坚持不懈地为古文运动的胜利而奋斗。

由于欧阳修选拔和推荐了大批优秀的散文作家,特别

是苏洵、苏轼、苏辙、王安石、曾巩等,他倡导的古文运动逐渐发展并壮大,最终以波澜壮阔的气势扭转了形式主义文学的逆流,他本人也成为文坛公认的领袖。

"锁院"结束之后,欧阳修一回到家里,就得知德高望重的太子太傅杜衍已经在二月初去世的噩耗,他心中非常悲切,立即撰写《祭杜祁公文》,派遣赵日宣代表自己赴南京杜公灵前致祭。

杜衍的次子杜䜣邀请欧阳修为他的父亲撰写墓志铭,欧阳修欣然答应,并且他自认为责无旁贷。不过,他要求宽容些时间,因为这需要十分慎重。他在《与杜䜣论祁公墓志书》当中说道:

> 平生知己,先相公最深。别无报答,只有文字是本职,固不辞,虽足下不见命,亦自当作。然须慎重,要传久远,不斗速也。

同年十月,杜衍下葬的时候,欧阳修将墓志铭交稿。墓志铭中详尽地记载了杜衍一生中重大的事件,称颂了杜公高尚的品格。欧阳修还收集自己与杜公在南京时唱和的诗,辑成一卷,留传给两家的子孙。他又辑录了杜公的书简和诗歌,分类编纂成十卷,以此报答杜衍对自己的知遇之恩。

嘉祐三年(1058年),欧阳修被任命为兼侍读学士,要替宋仁宗讲读书史,讲说经义,备供顾问应对。欧阳修深知这是朝廷对他的重用。

宋朝开国以来选用侍读特别慎重,担任这个职务的通常只有一两个人,而如今却有十位之多。冗官是宋朝的积弊,欧阳修心中清楚地了解其中的弊端,他屡次谏劝这件事却不见效,此时,虽然得到重用,但觉得自己不应当言行不一致,所以坚决推辞不受。

欧阳修在《再辞侍读学士状》当中,自述了他辞命的理由,"臣身见兼八职,侍读已有十人""不使圣朝慎选之清职,遂同例授之冗员"。朝廷最后尊重了欧阳修的意愿,改命他为宗正寺同修玉牒官。

"包严""欧宽"成佳话

早在欧阳修被贬谪夷陵的时候,他就开始编写一部历史著作,即《五代史记》。自从他于至和元年(1054年)任史馆修撰后,又接受了编纂《新唐书》的任务。不久,梅尧臣也受命参与这项工作,他们就一起在唐史局里整日埋头苦写。

嘉祐三年(1058年),欧阳修在编修《新唐书》的同时,接替包拯做了开封知府。

开封作为北宋的首都,设府尹为行政长官,以亲王出任,但是不经常委派,一般都是以暂时代理知府行使职权,由待制以上的官员担任。权知开封府,执掌首都大权,主管京城的民政、狱讼和社会治安,是一个十分重要、事务繁忙的职位。

之前包拯任职时,包拯以全副精力严厉治理当地的社会秩序,取得不少政绩。为了不辜负朝廷的信任,欧阳修不得不挑起这副重担。

包拯,字希仁,安徽合肥人,是当时有名的能臣。他为官清廉,执法不避权贵,不护亲朋,以威严刚毅著称。他治理开封几年,名震朝野,贵戚宦官都不敢妄为。京城里流传着一句俚语:"关节不到,有阎王包老。"将包拯与公正威严的阎王爷相提并论。

欧阳修为政讲究宽简,他遵循人情事理,不追求赫赫声名。有人替他担心,说道:"前任包拯威名震动京都,有着古代京兆尹的风采,可是你却没有任何动人的地方,这该如何是好呢?"

欧阳修回答道:"人的才气和个性皆不一样,各有长短,只要各自扬长避短,都可以达到预期的目的。怎么可以丢掉自己的长处,而用自己的短处屈从于习俗,来博取声誉呢?我会尽自己的努力去工作,胜任不了我就退下来。"

七八月间,京师权贵们犯法的现象日益严重。推究其原因,在于权贵们有恃无恐。一旦他们触犯了刑律,常常从宫中乞得恩命,以逃脱惩罚。欧阳修任职不到两个月,就遇上十起此类案件。对于权贵倚仗权势、为非作歹的行

为,欧阳修深恶痛绝,他决心严加惩处。

欧阳修上奏《请今后乞内降人加本罪二等札子》,提出今后对替别人谋求内降的人,连同罪犯一起治罪;凡是罪犯自行求得内降的,一律按加重本罪二等来处罚,以切实制止宦官小人扰乱朝纲,败坏法纪。

当时,有一个名叫梁举直的宦官,他私自役使官兵,触犯了朝廷法律,被交到开封府处置。然而,从宫廷里接二连三地传出内降,要求宽恕免罪。欧阳修坚决顶住压力,三次内降,都被拒绝,最终将梁举直绳之以法。

嘉祐四年(1059年)正月,按照以往的习俗,京城元宵节要大闹花灯,万民出游,共同欢庆新春。然而,上一年冬天以来,京城雨雪霏霏,天寒地冻,柴炭米蔬价格暴涨,老百姓饥寒难耐,有投井跳河的,甚至还有活活冻死、饿死的。

欧阳修作为父母官,一方面组织人员赈灾济贫,另一方面上奏《乞罢上元放灯札子》,请求宋仁宗暂停元宵节放灯的活动,以表示敬畏天命,忧虑民生。宋仁宗批准了欧阳修的奏议,罢弃了元宵灯节。

欧阳修在开封府上任之后,按照自己的政治主张行事,治理得井井有条。

在七百多年后的清朝嘉庆年间,有人在开封府衙门东西两侧各树了一座牌坊,一边写着"包严",另一边写着"欧宽"。欧阳修的"宽简"与包拯的"威严",代表着封建制度下循吏的两种不同的风范,他们同时流芳,并传为千古美谈。

辞去开封知府职务

开封知府这个位置,让许多官员追慕不及,但欧阳修却坚决要辞命。因为在这时,多年的眼病正深深地困扰着他,并且,他的一个儿子又患了伤寒。欧阳修不断告假,屡次请求解除他的职务。

这时欧阳修有位朋友正好从庐州的浮槎山托人给他捎来了泉水,这又勾起欧阳修对山林的怀念。他仿佛觉得那山水之乐,是大自然赐给贫贱者的,而那些富贵人家却不懂得享受,他便提笔写了一首《浮槎山水记》。

嘉祐四年(1059年)二月末,宋仁宗主持礼部奏名进士试,欧阳修受命充任御试进士详定官,参加审定在初试和复试中由考官评出的成绩等次。宋仁宗皇帝亲笔书写"善经"二字赐予他,对他表示高度信任,其实是将选才把关的重大责任委托给他。和他一道担任详定工作的还有端明殿学士韩绛、集贤校理江休复等。

王安石的大弟弟王安国参加了这届考试,不幸落选,将乘舟南归。欧阳修为他送行,对他的心地浩然、了无愠色表示赞赏,对他怀才不第表示惋惜和同情,更多的是为自己缺乏慧眼,为朝廷失士、遗贤在野感到惭愧和不安,于是写了七律《送王平甫下第》:

归袂摇摇心浩然,晓船鸣鼓转风滩。

朝廷失士有司耻,贫贱不忧君子难。

执手聊须为醉别,还家何以慰亲欢。

自惭知子不能荐,白首胡为侍从官!

欧阳修称赞王安国"贫贱不忧",君子难以做到,而以"朝廷失士"为之烘托,相得益彰。诗语平易流畅,从心里自然流出,知耻"自惭",也显现自己心地浩然。唯其如此,才能挥洒出这种光风霁月的佳篇。

这一届,欧阳修的门生焦千之也参加了考试,科场再度失利。这些年来,他一直追随欧阳修,专心研治学问,不习谋生之道,无力养育妻儿,生计日渐拮据。他将妻儿寄

养在淮南岳父家中,自己则只身漂泊京华。

欧阳修同情焦千之的境遇,很想为他谋个活路。想到老友赵概去年冬天出知郓州(今山东郓城),便写一封推荐信,拜托赵概把焦千之安排在郓州州学任教职。赵概回信应允照办,但焦千之因故未赴,欧阳修又致函赵概说明此事,并深表感谢:"焦秀才事,荷挂念。方走淮南欲挈家,而其妇翁作省判,遂被留连,势不能去,然渠感愧非一也。"信中说明焦千之本来打算回淮南带上家属前往郓州,但因岳父要进京任职,便被留下不走了。他不去,欧阳修还替他向赵概表示歉意。

不论对老友还是对门生,欧阳修都是尽力相助,尽量把事情办得周到。关照焦生只是一个普通例子。他在门生故旧中赢得崇高威望,挚诚助人是重要原因之一。而他之所以尽心竭力,无私助人,不是为了突出个人声望,而是要树立一种道德典范,感召士林。

嘉祐四年(1059年)初夏,欧阳修在伤病和忧虑中,朝廷准许他辞去开封知府职务。转眼就是盛暑时节了,欧阳修带病捧读刘敞送来的一首赋,勉强和作了一篇《病暑赋》。在赋中,欧阳修想象自己离开京城奔向四方,但结果他却哪里也去不得,只好"冥心以息虑""庶可忘于烦酷"。

在京城的酷暑中,欧阳修被迫暂时停止了创作。为了不浪费宝贵的时间,他取出了珍藏的南唐古砚和梅尧臣送他的宣笔,忍着臂痛,临案写字。

欧阳修的书法虽然比不上蔡襄、苏舜钦,但也下了不少工夫,他并不自满,依旧刻苦练习。

至于书写内容,欧阳修随心所欲,信手而为,其中有些是关于自己对诗文的见解和议论。后来,苏轼兄弟得到一些这类的断片文字,曾经称赞说:"其文采字画,皆有自然绝人之姿。"这也就是欧阳修集中《笔说》和《试笔》的由来。

《笔说》和《试笔》虽然属于欧阳修脱口而得,信手写成,但大多是独立成篇的小品。有些短文虽然不发一论,却朴实生动,主旨鲜明;有些议论则深刻精湛,是欧阳修文学理论和文艺批评的重要组成部分。

一个秋天的夜晚,欧阳修写了一首长诗《夜闻风声有感奉呈原父舍人圣俞直讲》:

夜半群动息,有风生树端。

飒然飘我衣,起坐为长叹。

苦暑君勿厌,初凉君勿欢。

暑在物犹盛,凉归岁将寒。

清霜忽以飞,零露亦溥溥。

霜露本无情,岂肯私蕙兰?

不独草木尔,君形安得完?

栉发变新白,鉴容销故丹。

风埃共侵迫,心志亦摧残。

……

秋天的凉爽并没有给欧阳修带来快乐,反而使他产生了深深的悲秋之感。这年欧阳修五十三岁,有许多疾病缠身,目昏手颤,连左臂也举不起来。宇宙万物的秋声,引发了他心中的秋声,他觉得诗不尽意,又扶臂作《秋声赋》:

欧阳子方夜读书,闻有声自西南来者,悚然而听之,曰:"异哉!"初淅沥以萧飒,忽奔腾而澎湃,如波涛夜惊,风雨骤至。其触于物也,鏦鏦铮铮,金铁皆鸣;又如赴敌之兵,衔枚疾走,不闻号令,但闻人马之行声。予谓童子:"此何声也?汝出视之。"童子曰:"星月皎洁,明河在天,四无人声,声在树间。"

予曰:"噫嘻悲哉!此秋声也,胡为而来哉?盖夫秋之为状也:其色惨淡,烟霏云敛;其容清明,天高日晶;其气栗冽,砭人肌骨;其意萧条,山川寂寥。故其为声也,凄凄切切,呼号愤发。丰草绿缛而争茂,佳木葱茏而可悦;草拂之而色变,木遭之而叶脱。其所以摧败零落者,乃其一气之余烈。夫秋,刑官也,于时为阴;又兵象也,于行用金,是谓天地之义气,常以肃杀而为心。天之于物,春生秋实。故其在乐也,商声主西方之音,夷则为七月之律。商,伤也,物既老而悲伤;夷,戮也,物过盛而当杀。"

"嗟乎!草木无情,有时飘零。人为动物,惟物之灵;百忧感其心,万事劳其形;有动于中,必摇其精。而况思其力之所不及,忧其智之所不能;宜其渥然丹者为槁木,黟然黑者为星星。奈何以非金石之质,欲与

草木而争荣?念谁为之戕贼,亦何恨乎秋声!"

童子莫对,垂头而睡。但闻四壁虫声唧唧,如助余之叹息。

欧阳修用天地之秋比作人心之秋,并非创造性的见解,他不过是继宋玉、李白、刘禹锡之后,将个人的感慨融入秋声之中罢了;但值得注意的是,欧阳修运用各种比喻,将复杂无形的秋声,做了形象而生动的描写。

诗作中语气似乎有举鼎荡舟之勇,叙述秋天的色、容、气、意等情况,让人仿佛抬头可见,倾耳可闻。欧阳修通过摇曳多姿的"秋"的形象,创造了一种神奇的艺术境界。

与二十三年前的《黄杨树子赋》相比,《秋声赋》显然已打破传统旧赋的对仗和韵律,变为奇偶相间、纵横开阖的散文体诗歌。这一突破,具有开拓性的意义。

无独有偶,苏轼的前、后《赤壁赋》,就是步《秋声赋》的后尘创作的。宋代诗文革新运动的发展,从此又有了更加广阔的天地。

第三章 | 从政后期

梅尧臣染病去世

随着岁月的流逝,欧阳修的官越做越大。嘉祐五年(1060年),欧阳修五十四岁,以礼部侍郎拜枢密副使,又同修枢密院时政记,参与军机要务。

四月,在欧阳修、梅尧臣共同编撰《新唐书》时,有一种传染病在汴京肆虐,梅尧臣不幸染上了这种病。在他患病期间,朝中贤士大夫纷纷前往看望,车马络绎不绝。

梅尧臣寓居在城东汴阳坊,道路不断被堵塞,商店不能开市,行人难以往来。人们惊问:"这街坊里住着个什么大人物,怎么招致这么多客人来探访啊?"

梅尧臣根本没有什么像样的职位,他只是一个平民化的诗人。自朝官贵戚以至童子野老,都能称呼他的姓名,唯一原因就在于他的诗反映了民生疾苦,抒发"穷愁感愤,有所骂讥笑谑"。不幸的是,患疾才八天,一代诗豪便溘然长逝于这个简陋的寓所。

在梅尧臣死后，前来涕泣吊唁的人和先前探病时一样多。欧阳修和几位好友商议怎样安排后事，怎样安顿家属。作为挚友，欧阳修不知劳倦地奔忙，在亲戚故旧中募集到一些钱，除了办理丧事外，还为梅尧臣的高堂老母、孤儿寡妻置买了一些田地，以供日后衣食所需，使他们不至于流离失所。

欧阳修还请朝廷授给梅尧臣长子梅增一个官职。

之后欧阳修目送梅增上船，送其父灵柩归葬南方，他怔怔地站在岸边，不禁"泪下如沟"。他回到家里，觉得自己心里空空荡荡的。这些年来，他几乎每年都要和一些老友阴阳两隔，每年都要写些墓志铭或祭文。每增加一些这类文字，他就多几分失落感。

十多年前诀别石曼卿、尹洙、苏舜钦之后，他就感叹"死生零落余无几，齿发衰残各可嗟"。在送走范仲淹、杜衍之后，他和梅尧臣来往更密，唱和更多。失去梅尧臣，欧阳修感到了前所未有的巨大空虚，因为梅尧臣和欧阳修交往最长久、最亲密，唱酬始终没有间断过，他是欧阳修最后一位同辈好友。

梅尧臣一走,欧阳修就像弹琴的伯牙失去了钟子期,他陷入茫然的孤寂之中,往事一幕幕涌上心头。欧阳修记起伊洛初逢时,梅尧臣的翩翩风姿;记起同在香山石楼,倾听八节滩头水石相激的声音。当初,在幕府里的文士们高谈阔论之时,欧阳修发现:座中只有梅尧臣"辞气凌清秋",写起诗来更是"思逸语更道"。梅尧臣诗成,谢绛轻音曼声地吟咏,就连锋芒毕露的尹洙竟也变得收敛起来。

从那时分手后,欧阳修和梅尧臣聚少离多,靠诗书往来,互相切磋问候,消解不尽的思念。

欧阳修先贬夷陵,再贬滁州,都是梅尧臣写诗慰勉。欧阳修调离夷陵赴乾德后,梅尧臣邀他去邓州聚首,在清风镇秀丽的湖山中度过了十几个愉快的日子。欧阳修对飘零的生活耿耿于怀,梅尧臣送行时,又有诗勉励欧阳修像陶渊明那样志存高远,坚守气节,淡泊名利,扫除了他胸中的郁闷。

欧阳修去襄城时,梅尧臣亲自出城十里到郊外迎接,然后并肩一起入城,途中他为英年早逝的谢绛叹息流涕。梅尧臣赴陈州任路过扬州,欧阳修在进道堂设宴款待他,

两人促膝谈心,探讨经史,畅论政治与文学。

欧阳修忘不了自己移知颍州途中,在安徽的涡口镇碰到了从陈州赶回宣城奔父丧的梅尧臣,天涯聚首,幸何如哉。这次两人没有谈经说史,而是回首前尘,慨叹友朋凋零。梅尧臣还在江边捉到两条鳜鱼,恰和洛阳初相识时吃的鱼的颜色一样,似乎象征着友谊永不褪色。这次梅尧臣写的诗,便称赞了欧阳修不因贵贱改变态度的真挚友情。

在中国文学史上,许多诗人间的友谊,如唐代的李白和杜甫、元稹和白居易、刘禹锡和白居易,都传为历史佳话,欧阳修和梅尧臣也是如此,一旦订交,终生不渝,那唱酬的频繁、思念的殷切、交往的挚忱、关照的无微不至,都是感人至深的。

此时挚友已逝,只留下欧阳修一人黯然神伤,诗情和泪水一同流注,流成一首长篇七古,就题为《哭圣俞》。

梅尧臣虽然比欧阳修大五岁,但平时面色红润,行动自如,看起来更健壮年轻,本以为他会长寿,没料到他染上时疾,数日而亡。欧阳修遗憾的是一直无法帮他升迁,改变一下他的贫困处境。

梅尧臣六月归葬,七月欧阳修写了祭文,次年又为他撰成墓志铭。祭文用四言,简洁明晰地叙述了两人一生的交往,慨叹他辞世后带来的孤寂:

念昔河南,同时一辈,零落之余,唯予子在。子又去我,余存兀然。

最后以这样四句结束:

送终恤孤,则众之力,唯声与泪,独出余臆!

表现了他悼念友人的深情和谦虚为怀、不自居功的高尚品格。

五十五岁时,欧阳修转户部侍郎,拜参知政事,还晋封为开国公。五十九岁又进阶光禄大夫加上柱国。年过花甲时已成为显赫的功臣勋贵。

在那些步步荣升的日子里,欧阳修曾经大考天下兵数和北三路屯戍的状况,研究并加强国防与平均赋税的办法。他也曾举荐王安石、曾巩、三苏和司马光等人才。

欧阳修传

在这一时期的诗歌中,欧阳修常常流露出对梅尧臣、苏舜钦的怀念,他在《马上默诵圣俞诗有感》中写道:

兴来笔力千钧劲,酒醒人间万事空。
苏梅二子今亡矣,索寞滁山一醉翁!

又在《感二子》中写道:

黄河一千年一清,岐山鸣凤不再鸣。
自从苏梅二子死,天地寂默收雷声。

一想到梅尧臣和苏舜钦,欧阳修眼前显贵的生活便黯然失色,仿佛这一切都应该就此结束,远走高飞以求归宿。在秋风秋雨中,他记起韩愈的《秋怀》诗,也为自己的衰老和碌碌终日而感到悲哀,倒不如像晋代刘伶那样隐居起来,将形骸置之度外的好。于是,欧阳修也挥笔写了一首《秋怀》诗:

节物岂不好,秋怀何黯然?

西风酒旗市,细雨菊花天。

感事悲双鬓,包羞食万钱。

鹿车何日驾,归去颍东田。

《唐书》编纂完成

嘉祐五年(1060年)七月,由欧阳修、宋祁主持的《唐书》的编纂工作圆满结束。编纂这部卷帙浩繁的历史巨著,共历时十七年,如今终于画上了句号。

为了与五代时期编纂成书的《唐书》区别开来,这部《唐书》在后世被称为《新唐书》。全书共分二百二十五卷,包括本纪十卷、志五十卷、表十五卷、列传一百五十卷。除了领导编修工作的欧阳修、宋祁之外,其他参与编撰整理的有范镇、王畴、宋敏求、刘羲叟等,都是当时的文坛高手。

编修的分工是:欧阳修负责本纪、志、表,宋祁负责列传。宋祁擅长文学而以文字艰深知名,朝廷担心他们分头执笔,书稿行文不统一,遂决定由欧阳修通阅全书,并加修改润色。但是,欧阳修考虑到各人所见难以相同,不可尽按自己的意见修改,更何况宋祁是长者,怎好随便动他的文字!因此,欧阳修对宋祁所撰列传,除核对史实、引文外,其余只字未动。

七月中旬,二百二十五卷的《新唐书》进呈御览。按照成例,署名只列官位最高的人,就该署欧阳修。但欧阳修表示:宋祁刊修列传,功深日久,怎能淹没他的姓名,攫夺他的功劳呢?于是欧阳修坚持本纪、志、表署自己的名,而列传一百五十卷则署宋祁的名。

宋祁的兄长宋庠听到这事情后,感慨道:"自古文人喜欢出风头,掩蔽别人的名声。这样谦虚为怀的事,真是前所未有啊!"欧阳修不掩盖宋祁名字,是光明磊落的表现,比起那些在官本位制度下,只突出官爵最高者而抹杀他人功劳的沽名钓誉者,不知要高出多少。

《新唐书》和《旧唐书》比,克服了"言浅意陋"的缺点,行文谨严、简洁。欧阳修所主修的十三个志,在详备地收集材料的基础上,进行了认真梳理,对各种典章制度的记述与旧书各志相比,更为条理清晰,事实详明。如《地理志》,依开元十五道,分述各道的疆域沿革、军府设置,各州府的名称沿革、物产分布、贡赋户口及领县,各地水利灌溉、山川河渠、塘堰井泉等情况,又记述两京规模,国内交通和中

西水陆交通状况。许多材料都是《旧唐书》所没有的。

此外,欧阳修还新创了《仪卫志》和《兵志》两志,新增了《宰相》《方镇》《宰相世系》《宗室世系》四表,为后世提供了良好的范例和有益的借鉴。

第三章 | 从政后期

宋仁宗驾崩

嘉祐八年(1063年)元宵节,京城像往年一样,张灯结彩,百姓群集于街上,歌舞杂剧、百戏奇术等应有尽有,一派喜气洋洋的景象。按照往年惯例,宋仁宗会在正月十四清晨出游各宫寺,与随行的大臣游宴赋诗,在天黑时回到宫中,于宣德门与大臣们观灯饮酒。

可是,这一年正月以来,宋仁宗自感身体不适,正月十四清晨就没有出游。正月十五晚上,宋仁宗才来到慈恩寺、相国寺和端门,设宴款待中书、枢密大臣。酒过三巡之后,酒宴就草草地结束了。

当晚,宰相韩琦、曾公亮、枢密使张昇因事告假,参加宴会的只有参知政事欧阳修、赵概、枢密副使胡宿、吴奎四人。他们都是同时期的翰林学士,并相继进入了行使宰相职权的中书门下和掌管军事的枢密院二府,大家七嘴八舌地谈起当年在翰林院的一些旧事,彼此开怀畅饮,笑乐

不已。

三月末，宋仁宗溘然病逝，享年五十四岁，在位四十二年。第二天，皇太子赵曙即位，这就是宋英宗。

宋英宗即位之初，在宰臣奏事的时候，总是详问事情的本末，然后裁决，处事没有不得当的地方，满朝文武大臣看后都十分欣慰，称他为明主。谁知没过几天宋英宗忽然患病，语无伦次，精神失常。

韩琦、欧阳修等宰臣忧心如焚，再三商量之后，只得请皇太后垂帘听政，与宋英宗一同处理朝政事务。欧阳修当即起草《请皇太后权同听政诏》。

曹太后听政时期，欧阳修配合韩琦主持朝政。每当在帘前奏事，或是执政聚议时，凡有不同意见，欧阳修总是直言不讳，据理力争。台谏官到政事堂议事时，有些事情本来并不牵涉自己，但往往同僚们还没来得及开口，欧阳修已经挺身上前，当面指出对方的是非曲直。

下级官吏请示、报告公务时，以前的执政官表态大多含含糊糊、模棱两可，让人不得要领。欧阳修却总是直截了当地指示："某事可以办，某事不能办。"

之后宋英宗亲政时,他听人们说起这些情形,曾经当面劝告欧阳修说:"你的性子太耿直,说话毫无顾忌。每次奏事,你与两位相公意见不同时,便互相争执不休,语言也不回避。又听说你与台谏官议事,常常当面指出他们的缺点,可想而知,人们都十分不喜欢你,以后要注意克服这些毛病。"

数年后,欧阳修在上奏给宋神宗的《又乞外郡第一札子》中谈到自己处世为人时说道:

> 臣拙直多忤于物,而在位已久,积怨已多。若使臣顿然变节,勉学牢笼小人以弭怨谤,非惟臣所不能,亦非陛下所以任臣之意。

实际上这是欧阳修对当年宋英宗劝告自己的答复。欧阳修宁愿刚正直道、积怨于人,也不愿谨言慎行、明哲保身。他认为谨小慎微、远祸全身,既不符合自己的性格,也违背了朝廷授官的本意。

欧阳修传

身体日渐衰弱

宋英宗治平二年(1065年)春天,欧阳修患了消渴病(也就是今天所说的糖尿病)。他时常感觉昏晕无力,衰弱不堪。而著名的散文《相州昼锦堂记》就是他在病中为韩琦写的。

相州(今河南安阳一带)是韩琦的故乡。韩琦在至和年间以节度使判相州时,在他的后宅园圃中修筑了昼锦堂,"昼锦"之名,显然有荣归之意。嘉祐六年(1061年),韩琦出任宰相并进封魏国公,可谓富贵之至。

但是,欧阳修在《相州昼锦堂记》中,却说韩琦不以富贵为荣耀,他的志向在为国为民建立功业,这就不仅远远超出了韩琦的本意,而且从更高的思想境界给韩琦以勉励,也给众多读者以新的启发。其中就有这样的内容:

仕宦而至将相,富贵而归故乡。此人情之所荣,而今昔之所同也。

　　盖士方穷时,困厄闾里,庸人孺子,皆得易而侮之。若季子不礼于其嫂,买臣见弃于其妻。一旦高车驷马,旗旄导前,而骑卒拥后,夹道之人,相与骈肩累迹,瞻望咨嗟;而所谓庸夫愚妇者,奔走骇汗,羞愧俯伏,以自悔罪于车尘马足之间。此一介之士,得志于当时,而意气之盛,昔人比之衣锦之荣者也。

　　惟大丞相魏国公则不然:公,相人也,世有令德,为时名卿。自公少时,已擢高科,登显仕。海内之士,闻下风而望余光者,盖亦有年矣。所谓将相而富贵,皆公所宜素有;非如穷厄之人,侥幸得志于一时,出于庸夫愚妇之不意,以惊骇而夸耀之也。然则高牙大纛,不足为公荣;桓圭衮冕,不足为公贵。惟德被生民,而功施社稷,勒之金石,播之声诗,以耀后世而垂无穷,此公之志,而士亦以此望于公也。岂止夸一时而荣一乡哉……

欧阳修的这篇散文结构紧凑,除了运用反衬、对比手

法之外,他还反复展开议论。就语言特点来说,一是以不断变化的语言,说明同一主旨;二是偶尔采用长句式,迫使人一口气读下去,从而增强文章的气势;三是避免使用古老深奥、难于理解的字词,尽量使用宋代通行的文言。

欧阳修十分重视这篇散文,据说,就在《相州昼锦堂记》送出去几天之后,他又专门派人另送稿件给韩琦,声明前稿还有瑕疵,可以换成后面这个版本。

韩琦再三核对,只发现"仕宦""富贵"之下,分别添了个"而"字,使语气更加流畅。韩琦也十分喜爱这篇散文,对其赞赏有加,后来他请人书写刻石,放到合适的地方。

治平二年(1065年)七月下旬,枢密使张昇因为久病请假,自请出知许州(今河南许昌)。早在宋英宗守丧与太后垂帘听政的时期,枢密使任上就缺人,欧阳修按资历应当升迁。二府秘密商议,计划进奏太后,任命欧阳修为枢密使。

有一天,在待漏院(百官晨集准备朝拜的地方)里,欧阳修见韩琦、曾公亮窃窃私语,猜到他们谈话的内容,当即正色地对他们说:"现在天子没有亲政,太后垂帘主事,政务无论得失,世人都说是我们几个人做主造成。如果那样干,就是几位大臣自作主张安排官位,这怎么能让天下人信服呢?"

两人听了欧阳修的这席话,觉得十分在理,于是就停了下来。

这次张昇出守外郡,枢密使位置再次空缺,宋英宗也想让欧阳修替补,欧阳修再次辞让不拜,最后只能让文彦博出任。

治平三年(1066年)四月,苏洵在京师病逝,享年五十八岁。自上一年九月《太常因革礼》奏报以后,苏洵积劳成疾,一直卧病不起。

欧阳修对苏洵的病情一直十分关心,多次致信问候,嘱咐他"调慎药食"。听说苏洵在服用一剂古方药,欧阳修便去信指出,该药方太凉,应该参用别的方剂。又亲自送去一个药方,之后听说有了疗效,就写信要他耐心专服,不要追求急功近效。然而,苏洵的病情还是一天天加重,最终不治而逝。

苏洵的死,在朝廷上下引起震动,自宋英宗、宰执大臣

到巷间文士,都为他哀伤惋惜。宋英宗诏赐缣绢一百匹、白银一百两,苏轼兄弟坚辞不受,只请求朝廷追赠父亲一个官衔,于是宋英宗特赠苏洵为"光禄寺丞",并且下令官府备船,送苏洵灵柩归葬四川故里。当时,韩琦赐赠白银三百两,欧阳修赐赠二百两,苏轼兄弟都婉辞谢绝了。

苏洵文名卓著,又志在用世,许多朝廷大臣都曾经呼吁要重用他。但是,苏洵终究郁郁不得志而逝,这实在让有识之士感到痛心。朝野人士为苏洵撰写挽词的,多达一百三十三人,其中包括韩琦、曾公亮和欧阳修等朝廷宰执,也包括著名文士刘攽、张焘、郑獬等人。欧阳修与苏洵交游十年,志同道合,对苏氏知之甚深。

第二年,欧阳修为苏洵撰写了《文安县主簿苏君墓志铭》。他高度评价了苏洵的文学成就,赞颂他的才华、学识和人品,这也是研究苏洵生平思想的宝贵资料。墓志叙事文笔生动,人物形象鲜明,读后如见苏洵其人。

之后,宋英宗便卧病不起,不能言语,处理政务只能写在纸上。御医多方救治,病情依旧不见好转。十二月下旬,宋英宗的病情进一步恶化,在韩琦一再敦促下,册命颍王赵顼为皇太子。

治平四年(1067年)正月,宋英宗去世,赵顼即位,这就是宋神宗。欧阳修转尚书左丞。

企盼归田做仙翁

治平四年(1067年),在宋英宗的丧礼期间,百官本来应该缟服素袍,欧阳修在前往福宁殿哭吊时,因为一时疏忽,在丧服里面穿了紫地皂花紧丝袄,被监察御史里行(职位比监察御史略低,职责相同)刘庠发现了,刘庠上疏弹劾欧阳修。欧阳修知道自己犯了罪,闭门在家,听候朝廷的处置。宋神宗皇帝压住了弹劾的奏章,从宫里派出使者前往欧阳修的府上,告诉他更换服饰,并传达口谕,抚慰他,要他返回中书省供职。

欧阳修一向举贤任德不遗余力。这几年,他向韩琦引荐了《感山赋》的作者崔公度,推荐蒋之奇为监察御史里行,推荐李清臣、安焘、章惇等试馆职。二月,欧阳修还特地向登基不久的宋神宗推荐了龙图阁直学士司马光,称他"于国有功为不浅,可谓社稷之臣"。

欧阳修对蒋之奇有赏识之恩,而蒋之奇却做了一件忘恩负义的事情，反过来诽谤欧阳修。后来，宋神宗派人彻查此事，结果证明欧阳修纯属被诬陷，最后，蒋之奇等被贬黜。诬告虽然已经辨明，但是，也更加坚定了欧阳修离开朝廷的决心。

欧阳修知道自己一时难以致仕（退休）退隐，于是他三次上表章，恳请出知外郡。之后，他也解去了尚书左丞、参知政事等职，以刑部尚书出知亳州（今安徽亳州）。

三月，枢密院颁发了欧阳修统管亳州驻军的命令。在向宋神宗辞行的时候，欧阳修请求在前往亳州的途中取道颍州，并在颍州稍做停留。宋神宗同意了他的请求。

欧阳修在颍州暂住下来，主要原因是他遵从民俗，避开五月上任。五月，俗称"恶月"，民间多有禁忌，有六斋、驱邪、逐疫和放生等习俗。宋代的士大夫又迷信当朝以火德王天下，正月、五月和九月恰是火德生、壮、老的月份，因此他回避在这期间上任。

此外，欧阳修还要亲自查看自己房屋改建的工程，他已经为退休归隐做好了准备。十多年前，欧阳修就在颍州置买田产，并有部分家属居住在这里。这些年他的地位蒸

蒸日上,可理想与现实的矛盾也愈加突出,加上身体日益衰弱,他一直想要退隐,盼望着来到这里安度晚年。

五月末,欧阳修抵达亳州。六月初,他正式接任知州职位。亳州,古称谯郡,当时属于淮南东路,位于涡河上游,距离京师仅仅三百余里。境内山清水秀,民风淳朴,再加上年成丰熟,社会安定,诉讼较少,欧阳修将它视为藏拙养病的"仙乡"。

在亳州,欧阳修像写作《试笔》和《笔说》一样,将史官不曾记载的社会风习与士大夫的逸闻趣事,随手写下,取名为《归田录》。

《归田录》属于随笔或者笔记小说的性质。据说,这书还没出版,序言就先传了出来,宋神宗急忙派太监取来阅读。由于书中记载着有关时政的见闻和议论,欧阳修重新整理了一本进献给皇上,尽管如此,传世的《归田录》还是保留了一些讽刺时政的篇章。而且,对宋代及以后的笔记小说、野史札记都产生了较大的影响。

这一年,欧阳修完成了不少诗作,到亳州后企盼归田、羡慕隐逸的思想倾向越来越明显。

欧阳修一生弘扬儒学,抵制佛、道二教。到了晚年,他渐觉道家清心寡欲、自守恬淡,于世道人心无大碍,转而对道教表现出相当的宽容。到亳州后,他有机会接触道教人士和宫观,对道教思想有了某些默契和感悟,诗作中也平添了一种仙气。

后来,欧阳修不断地上呈奏章,请求交官还职,以实现归老颍州的夙愿。秋季进奏的请求致仕《第五表》中,欧阳修自诉体衰多病,他恳请宋神宗满足自己退休的愿望,没想到朝廷却六降诏书,没有允许。相反地,因为青州(今山东青州)知州吴奎在任所病逝,宋神宗诏令欧阳修转官兵部尚书,改知青州,充京东东路安抚使。

熙宁元年(1068年)四月,刘敞病逝于南京御史台任上,年仅五十。他是博闻多识的著名学者,尤精《春秋》学。在北宋中期,他和欧阳修一道开了宋人疑经惑传,以己意解经义的风气。

刘敞是欧阳修的吉州同乡,性格和欧阳修很相近,在朝任职正直敢言,为官地方勤政爱民。梅尧臣死后,刘敞成为欧阳修过从最密的知交,又是切磋学问最可信赖的同

道。刘敞英年早逝,自然引起欧阳修深沉的哀痛与巨大的失落感。

欧阳修的《祭刘给事文》突出地表现了惋惜之情:

> 若吾原甫者,敏学通于今古,精识造乎幽微,乃百炼之英而万事之鉴也。一为末疾昏之,至使良医不能措其术,百药无所施其功。遂埋至宝,衔恨无穷。此所以士夫惊呼,莫不为朝廷而痛惜。

两年中,不断哀悼新死者,自然联想到一大批故去的老友,由此引出欧阳修对人生普遍性问题的思索。随着年老体衰,生死的界限感越来越模糊,不再是欧阳修关注的要点。在回顾与总结这些作古友人的生平后,他主要关注的是形与名、肉与灵的关系、人与万物的同异问题。不论人与物,暂聚的形体总要归于朽烂,唯有死后的英名是不朽的。朽与不朽,集中体现了物与人的差别。

熙宁四年(1071年)初春以来,欧阳修百病缠身,眼病和脚疾严重恶化。二月下旬,他告了病假,在家中调养。

之后，欧阳修又继续整理和收集周代至隋、唐的金石文字，编辑了一部考古学资料专集，名为《集古录》。

欧阳修翻阅了梅尧臣等为《集古录》断片写的跋尾，不免想起唐史局中故去的友人。当年的六位同事，如今已经死去五位，而自己也已老态龙钟，所以他下定决心要提前退休。

熙宁四年（1071年）六月，欧阳修终于得到宋神宗的恩准，以太子少师、观文殿学士带职致仕，回归颍州。

欧阳修传

走完生命的最后一程

熙宁四年(1071年)六月下旬,欧阳修接到朝廷同意致仕的敕告,归心似箭,立即打点行装,准备起程。不料那几天大雨滂沱,地面积水,便耽搁了三五天,七月初欧阳修全家才抵达颍州。

熙宁三年(1070年)九月七日,在欧阳修即将退休回到颍州的时候,他仿效古代隐居之士,给自己取了一个新的别号"六一居士",还写了一篇《六一居士传》,生动地叙述了自己晚年的乐趣:

六一居士初谪滁山,自号醉翁。既老而衰且病,将退休于颍水之上,则又更号六一居士。

客有问曰:"六一,何谓也?"

居士曰:"吾家藏书一万卷,集录三代以来金石遗文一千卷,有琴一张,有棋一局,而常置酒一壶。"

客曰:"是为五一尔,奈何?"

居士曰:"以吾一翁,老于此五物之间,是岂不为六一乎?"

客笑曰:"子欲逃名者乎?而屡易其号。此庄生所谓畏影而走乎日中者也。余将见子疾走大喘渴死,而名不得逃也。"

居士曰:"吾固知名之不可逃,然亦知夫不必逃也。吾为此名,聊以志吾之乐尔。"

客曰:"其乐如何?"

居士曰:"吾之乐可胜道哉!方其得意于五物也,泰山在前而不见,疾雷破柱而不惊。虽响九奏于洞庭之野,阅大战于涿鹿之原,未足喻其乐且适也。然常患不得极吾乐于其间者,世事之为吾累者众也。其大者有二焉,轩裳珪组劳吾形于外,忧患思虑劳吾心于内,使吾形不病而已悴,心未老而先衰,尚何暇于五物哉?虽然,吾自乞其身于朝者三年矣。一日天子恻然哀之,赐其骸骨,使得与此五物偕返于田庐,庶几偿其夙愿焉。此吾之所以志也。"

……

这篇《六一居士传》,借主客问答而成,写出了欧阳修崇高的人品和生活情趣。此文跌宕错落,恬淡多姿,比陶潜的《五柳先生传》更显得别开生面。

欧阳修的门生曾巩、苏轼和苏辙等人,得知他抵达颍州的消息后,纷纷寄来贺信,庆贺恩师致仕荣归,赞美先生的道德文章,祝愿他在颍州享受天伦之乐,安度幸福晚年。

但是,摆在欧阳修面前的,却是一大堆杂乱劳神的家事:旧房改扩工程还没有完全竣工;一个庞大的家族,人多费用高,家计还没有着落;田产也需要添置,生计需要他安排。

入秋之后,欧阳修的眼疾、脚病和消渴症同时发作,又给忙碌中的他增添了不少痛苦。但是他相信:只要忙过这一阵子,自己就是天底下最悠闲的人了。即将到来的闲适生活,一定会有利于他疾病的调养,他对未来充满乐观和自信。

实现了致仕归田的夙愿,欧阳修回想起至和初年同友人的那场盟约。当时自己与韩绛、吴奎、王珪一同在翰林院值班,大家相约五十八岁退休。如今虽然晚了七年,但最终还算如愿以偿。

后来,欧阳修写了一首《寄韩子华》诗,在诗中欧阳修将自己后期从政生涯自嘲为一种"卖弄",并且为他晚年终于从政治中解脱出来而得意。他写道:

谁如颍水闲居士,十顷西湖一钓竿。

颍州西湖的景致,曾经多次唤起欧阳修的诗兴。这次归来,在十顷碧波之上,他流连于风月,啸傲于湖光,有时与朋友泛舟湖上,有时独自前往水滨垂钓。他还命人用笙箫伴奏着演唱,创作出著名的《采桑子》十三首。

朝廷准备于九月举行明堂大祭祀,诏令欧阳修前往京师陪席助祭。明堂本来是古代帝王宣明政教的场所,凡是朝会、祭祀、庆赏、选士、养老和教学等重大的典礼,都会在那里举行。早在二十多年前,皇祐二年(1050年)九月,宋仁宗举办过一次隆重的明堂祭礼,合祭天地,并以祖宗配享,百神从祀。从那以后,明堂成为宋朝重大祭典的地方。此次欧阳修因为身体的原因,上疏请求免去陪祭。宋神宗

同意了他的请求。

九月初,明堂祭典在京城隆重举行,接着天下大赦,百官进秩。后来,宋神宗派遣专人前来颍州,赏赐欧阳修一套朝服、一条金腰带、价值一百五十两的银器、一百五十匹丝绢,还有米、面、羊、酒等物品。

九月中下旬,苏轼、苏辙来到颍州,一同拜谒恩师欧阳修。早在六月,在京城担任开封府推官的苏轼,因为指责新法中的缺点,被人诬告,自请通判杭州。七月,苏轼抵达陈州,与担任陈州州学教授的弟弟苏辙团聚。苏轼在陈州滞留了七十多天,起程前往杭州时,他与苏辙一同来到颍州。

苏轼兄弟的到来,令欧阳修非常高兴。他在西湖边设宴款待他们。苏轼的《陪欧阳公燕西湖》一诗,就描写了欧阳修六十五岁时的形貌和精神状态。

苏辙也有一首《陪欧阳少师永叔燕颍州西湖》的诗,诗歌记载了欧阳修退隐后逍遥自在的生活。实现了十多年来孜孜以求的归隐颍州之梦,欧阳修尽情享受着倦鸟归巢以后的安逸清闲。他偶尔陪伴宾客出游西湖,行酒奏乐,引起湖边游人的聚议围观。

在秋日的美景里,欧阳修与苏轼、苏辙游湖荡舟,饮酒赋诗,度过了一段十分美好的时光。他们闲聊的话题,有时也是十分严肃的。当了解到苏轼离京出知杭州,原因在于他坚持自己的政治主张时,欧阳修十分赞赏苏轼的处世态度:"你坚守人格,自请出知外郡,符合我的思想。我平时所讲的'文学',一定要与'道义'相结合。只会写文章、没有品行、见利忘义的人,不是我的学生。"

苏轼听到欧阳修这么一说,他指着天盟誓:"我一定铭记先生'我所谓文,必与道俱'的教诲,至死不渝!"在后来的岁月里,苏轼几经贬谪,用他整个人生实践了自己的诺言。

十月间,苏轼告别欧阳修、苏辙,离开颍州,赴杭州通判任。北宋三位文章大家,在颍州西湖畔团聚,文酒相欢,并顺利完成了文坛盟主接力棒的传递交接,保持了文学发展的持续与后劲,在中国文学史上留下一段佳话。

欧阳修在晚年也喜欢品评前人与同辈的诗歌,他尤其喜爱陈知默的诗。欧阳修首创《六一诗话》之后,司马光接着写了《续诗话》。此后,刘攽的《中山诗话》、陈师道的《后

山诗话》、魏泰的《临汉隐居诗话》、吴开的《优古堂诗话》和阮阅的《诗话总龟》等纷纷问世,诗话成为宋代和以后风行于文坛的论诗文体。

《六一诗话》比较注重诗人的生活经历和作品对社会现实的反映,如对唐代孟郊《谢人惠炭》一诗中"暖得曲身成直身",欧阳修则认为"非其身备尝之,不能道此句也"。

对贾岛《朝饥》诗中"坐闻西床琴,冻折两三弦"一句,欧阳修评论道:"贾岛'不止忍饥而已,其寒亦何可忍也'!"这些诗例,进一步证实并丰富了他那"穷而后工"的诗歌理论。

对于诗坛上忽视生活体验,不注重反映社会现实的倾向,欧阳修表现得极为不满,如《诗话》中有一些片段,就嘲讽了达官诗人只学白居易的诗体,而不了解其深刻内容的陋习。

欧阳修在《六一诗话》中也强调诗歌语言的锤炼。例如,他对温庭筠的"鸡声茅店月,人迹板桥霜"极为称赞,对西昆派诗人的佳句也做了充分的肯定。

欧阳修这时已经六十五岁。为了不让自己的作品贻误后人,他和儿子十分严肃地将旧作重新翻检审阅,整理编辑,这就是后来的《居士集》。《居士集》是至今现存唯一的一部欧阳修自编集。

欧阳修在审阅自己的旧作时,把旧稿贴在墙上,朝夕改订。从立意、布局到琢句、谋篇,以至字字斟酌、一丝不苟。往往一篇文章他要修改数十遍,甚至整篇一字不留,重新来写。有人几次来取稿,他不满意绝对不交稿。

一个寒冷的夜晚,欧阳修又在蜡烛下改文稿,眼看蜡烛就要燃尽了,并且已经过了夜半时分,薛夫人劝他说:"太晚了,夜里凉,你要早点睡,为什么这么不爱惜自己,这是你自己写的,不用再三审阅,难道你还怕老师说吗?"

欧阳修笑着回答道:"不怕老师说,是怕后人笑话。"

欧阳修的写作,是对千千万万当代和后代的读者负责,后生们对他便也格外敬重。他的文集被到处刊刻。

对于《居士集》的不同版本,读者们也都兴致勃勃地加以研究,把旧作和新作放在一起比较,后生们思考欧阳修为什么修改,怎样修改,以便从中得到启发,提高写作水平。

熙宁五年(1072年),八十岁的赵概从南京来看望欧阳修,颍州知州吕公著特地为他们在西湖设宴。欧阳修当即在席间吟诗一首,其中有"金马玉堂三学士,清风明月两闲人"的句子。

此时欧阳修的消渴病已经十分严重,暮年的牙疾也给他带来了许多痛苦。他带病度日,又慨叹自己才思有所衰退。

赵概走后,欧阳修时而鉴赏金石古文,时而吟诗作词,消磨时日。

熙宁五年(1072年)闰七月二十三日,欧阳修走完了他生命的最后一程,在西湖之滨的私邸里逝世,终年六十六岁。

欧阳修去世后,韩琦为他作了墓志铭,他的夫人薛氏、儿子及孙子孙女为他送葬。王安石、曾巩、范镇、苏轼、苏辙等人都为他写了祭文。欧阳修还被赠"太子太师"的官爵,谥号"文忠"。熙宁八年(1075年),欧阳修赐葬于开封府新郑县旌贤乡刘村(今新郑市辛店镇欧阳寺村)。

之后,因薛夫人娘家、欧阳氏亲戚大多住在京师和京师附近,薛夫人曾经一度搬回汴京居住。按照北宋的规定,朝廷文武大臣死后,一般安葬在汴京周围五百里以内。

元祐四年(1089年),薛夫人在京师病逝,同年十一月葬于新郑欧阳修墓旁。后来陆续葬在欧阳修墓茔旁边的,还有他的四个儿子,欧阳发、欧阳奕、欧阳棐、欧阳辩,以及孙子欧阳愻、欧阳愬等人。年深日久,这里形成了规模宏大的欧阳家族墓地。